Mirjam Beile

BROTE MIT WENIG HEFE

AUS DEM BROTBACK-AUTOMATEN

INHALT

BACKEN MIT LANGER GEHZEIT

REZEPTE FÜR BROTE MIT WENIG HEFE

SERVICE

VORWORT

Backen wir es an! Weniger ist mehr: Weniger Hefe bedeutet mehr Aroma und Geschmack! In diesem Buch geht es nicht um Sparmaßnahmen, wenn mal wieder Hefeknappheit herrschen sollte. Es geht auch nicht darum, Hefe zu verteufeln oder gar als ungesund darzustellen. Es geht um Teige mit wenig Hefe und langer Teigführung. Schnell war gestern – heute nehmen wir uns Zeit ... viel Zeit. Zeit für natürliche Zutaten, Zeit für bewusstes Essen und Zeit zum Genießen.

Vieles spricht für den Trend „Slow Baking" – der eine lange Tradition hat und daher eigentlich ein alter Hut ist. So wurden schon früher die besten Brote mit langer Teigruhe gebacken. Ein gutes Brot braucht nur vier Zutaten: Mehl, Wasser, Salz und Zeit. Der Qualitätsgewinn durch die vierte Zutat – die Zeit – wird in der Hektik des Alltags jedoch oft vernachlässigt. Brot ist deshalb auch ein Reizthema für Menschen mit Reizdarm und Getreideunverträglichkeiten. Blähungen, Völlegefühl, Bauchschmerzen, Bauchkrämpfe, Verstopfung oder Durchfall sind die Symptome.

Nutzen Sie lieber Ihr Bauchgefühl, um Erfahrungen mit Teigen zu sammeln, und erleichtern Sie sich das Backen mit einem Brotbackautomaten. Zeit ist eine wichtige Zutat für das Brotbacken und der Brotbackautomat nimmt Ihnen einen Großteil des Zeitaufwandes ab.

Aber welche Vorteile hat der Faktor Zeit beim Brotbacken? Wer profitiert davon? Was sind Foodmaps? Und die vielleicht wichtigste Frage: Wie funktioniert das mit einem modernen Brotbackautomaten?

All diese Fragen beantworte ich Ihnen in diesem Buch und mache es Ihnen dabei nicht komplizierter, als es das Backen mit einem Brotbackautomaten ist. Der Schwerpunkt liegt auf praktikablen Rezepten, die Sie trotz leicht veränderter Herstellungsweise einfach nachbacken können. Mit meinen Tipps und Tricks holen Sie zusammen mit Ihrem Brotbackautomaten das Beste aus Ihrem Teig heraus. Dazu gebe ich Ihnen erprobte Rezepte und meine Lieblingsrezepte an die Hand. Damit auch Sie in Zukunft mit Ihrem Brotbackautomaten unglaublich leckere und bekömmliche Brote „zaubern" können. Brote und Gebäck für jeden Tag, ohne stundenlang in der Küche stehen zu müssen, das ist mit einem Brotbackautomaten ganz einfach. Allerdings müssen Sie ein wenig vorausplanen, denn diese Brote benötigen eine Vorbereitungszeit und/oder eine längere gesamte Herstellungszeit, bis Ihr fertiges Brot auf dem Tisch steht.

Erfahren Sie hier, wie die Entschleunigung im Brotbackautomaten Ihrer Gesundheit und dem Aroma zugutekommt. Genuss und Lässigkeit ergänzen sich für mich im Brotbackautomaten perfekt.

Schneiden Sie sich eine Scheibe vom Brot ab, denn die Ruhe und Entspannung wird auch Ihnen schmecken.

Für mich sind das Brote zum Verlieben, mit denen man das Beste aus einem Brotbackautomaten herausholen kann. Diese Art zu backen, mit langer Gare, vom Sauerteig über den Vorteig bis zum Brühstück, lässt mein Bäckerinnenherz höherschlagen. Ich wünsche Ihnen genauso viel Freude, wie ich beim Schreiben und Experimentieren hatte und maximalen Genuss beim „Slow Baking" mit dem Brotbackautomaten und diesem einzigartigen Buch. Viel Spaß beim Nachbacken!

Ettenheim, 2023

Mirjam Beile

BACKEN MIT LANGER GEHZEIT

DIE BASICS

DER BROTBACKAUTOMAT

Kein Brot schmeckt so gut wie ein frisch und selbst gebackenes – vor allem, weil man weiß, was drinsteckt und wie es hergestellt wurde. Mit einem Brotbackautomaten ist das Backen kinderleicht und nicht mehr mit viel Arbeit verbunden: Einfach alle Zutaten in die Backform geben und ein paar Knöpfe drücken. Sie werden sehen, schon bald möchten Sie Ihren Brotbackautomaten nicht mehr missen. Brote selbst von Hand zu backen, kann ziemlich mühsam sein. Außerdem braucht man Vorkenntnisse über Knetzeit, Teiggärung oder Teigtemperatur. Einfacher und bequemer geht's im Brotbackautomaten, der Ihnen all diese mühevollen Arbeiten abnimmt. Rühren, kneten, gehen lassen, backen: Das geht dank intelligenter Programmierung und viel Technik vollautomatisch. Das Gerät verbindet für Sie die Vorteile von selbstgebackenem Brot mit einem minimalen Arbeitsaufwand. Ein Küchenhelfer, der frisches Brot nach Ihren Wünschen „zaubert" und außerdem noch weitere Funktionen unterstützt. Nutzen Sie Ihn beispielsweise als Knetmaschine für Hefe- oder Pizzateig oder als „Gärschrank", um Teige an einem warmen Ort gehen zu lassen. Er ersetzt außerdem mehrere Geräte: Je nach Modell können Sie sogar Marmelade oder Kompott darin kochen, Kuchen backen, Sauerteig ansetzen oder Joghurt herstellen.

Wenn Sie ein einfaches Vorgehen klar bevorzugen, keine Lust auf lange Beschäftigung mit der Theorie und zeitaufwendiges Backen haben, sich ohne großen Aufwand selbst mit Broten und Gebäcken versorgen wollen, dann ist ein Brotbackautomat für Sie genau das Richtige. Darüber hinaus verbrauchen die energiesparenden Brotbackautomaten im Vergleich zum Backofen etwa nur ein Viertel bis die Hälfte an Strom. Damit wird der Brotbackautomat zu einem unverzichtbaren Küchenhelfer, an dem Sie sicher viel Freude haben werden.

Backen kann wirklich jeder ... zumindest, wenn er einen Brotbackautomaten zu Hause hat.

Mit dem Brotbackautomaten können Sie viele verschiedene Brotsorten backen und andere Gebäcke und Teige herstellen. Der Vielfalt sind fast keine Grenzen gesetzt. Sobald Sie die ersten Erfahrungen mit dem Brotbackautomaten gesammelt haben, können Sie Ihrer Fantasie freien Lauf lassen und eigene Brotsorten kreieren.

Brotbacken mit dem Brotbackautomaten ist etwas sehr Lebendiges. Selbstgebackenes Brot macht Freude und ist ein Erfolgserlebnis. Außerdem macht es unabhängig, denn Sie werden jetzt immer – frisch oder tiefgekühlt – selbstgebackenes Brot im Haus haben, auch an Feiertagen oder am Wochenende.

WELCHE BROTBACKAUTOMATEN GIBT ES?

1987 kam der erste Brotbackautomat auf den deutschen Markt. Anfangs gab es nur wenige Modelle, heute ist das Angebot sehr groß. Die Preise für einen Brotbackautomaten liegen im Durchschnitt zwischen 50 und 220 Euro. Alle Automaten, ob günstig oder teuer, haben eines gemeinsam: Sie können Brot und/oder Teig herstellen, die einen besser als die anderen. Die Unterschiede liegen in der Kapazität (minimale bzw. maximale Mehlmenge), im Zubehör, im Gewicht des Gerätes, in der Leistung, in den Umwelteigenschaften (z. B. Stromverbrauch), im Design, in der Bezeichnung der Funktionen und Programme und natürlich in der Technik. Die hochpreisigen Geräte haben eine bessere Wärmeisolierung, werden also von außen nicht zu heiß, haben bessere Kneteigenschaften, eine bessere Technik, intelligente Temperatursensoren und sie arbeiten meist leiser. Die Auswahl an Modellen ist riesig, Sie können zwischen diversen Anbietern oder verschiedenen Gerätevarianten wählen. Doch egal für welches Gerät Sie sich entscheiden, achten Sie darauf, dass es das GS-Zeichen für geprüfte Sicherheit sowie das CE-Zeichen trägt.

WELCHES GERÄT DARF ES SEIN?

Mittlerweile gibt es eine sehr große Auswahl an Brotbackautomaten. Fakt ist leider aber auch: Aus einem technisch schlechten Automaten können Sie kein zufriedenstellendes Brot herausholen. Backen macht damit keine Freude. Die fortschreitende Entwicklung neuer, energieeffizienter Brotbackautomaten hat Großartiges hervorgebracht. Heute steht Ihnen eine neue Generation von Brotbackautomaten zur Verfügung, die auf höchstem Niveau backen und optisch und haptisch ansprechend sind. Um die richtige Wahl für Ihren persönlichen Bedarf zu treffen, sollten Sie vor dem Kauf einige Überlegungen anstellen: Wie oft werden Sie Ihren Brotbackautomaten benutzen? Wie viel Platz steht in Ihrer Küche zur Verfügung? Denn die Geräte sind teilweise so groß wie Mikrowellen und wenn der Brotbackautomat nach dem Backen immer wieder weggeräumt werden muss, braucht man auch dafür Platz. Werden Sie jeden Tag Brot backen? Oder nur ab und zu? Sind Sie Single oder backen Sie für die ganze Familie? Legen Sie Wert auf Zusatzfunktionen, wie einen automatischen Zutatenspender, ein glutenfreies Backprogramm oder eine Marmeladenfunktion? Diese Fragen im Vorfeld zu klären, kann Ihnen die Auswahl bereits erleichtern.

Eine Frage der Größe

Das erste Entscheidungskriterium ist wahrscheinlich die Größe bzw. Kapazität des Backautomaten: Manche Geräte können nur 500-Gramm-Brote backen, andere die doppelte oder dreifache Menge. Am flexibelsten sind Sie jedoch mit Automaten, bei denen Sie

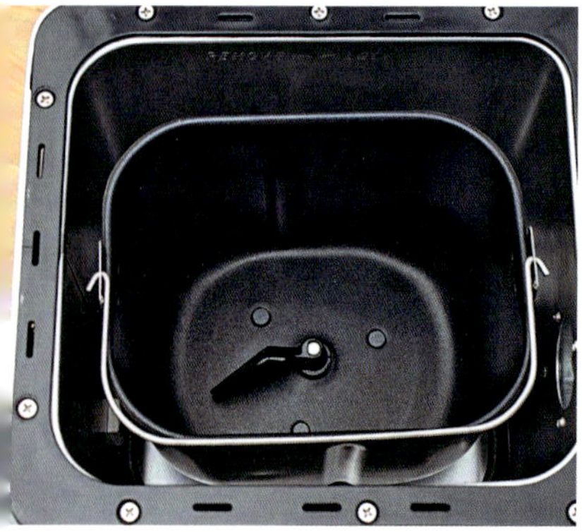

Brotbackautomat mit einem Knethaken (oben) und mit zwei Knethaken (unten).

die Brotgröße frei wählen können, vom 500-Gramm-Brot für Singles oder Paare bis zum 1500-Gramm-Familienbrot. Vollkornmehle, Kerne, Nüsse oder Samen sind schwer, so dass man bei Vollkornbroten schnell an die Gewichtsgrenze stößt. Deshalb sind Maschinen, die mindestens 1000-Gramm-Brote verarbeiten können, von Vorteil, auch wenn Sie nur ein 750-Gramm-Brot backen wollen. Die maximale Brotgröße ist bei den gängigen Automaten jedoch bei etwa 1800 Gramm erreicht.

Mit oder ohne Sichtfenster?

Ein Sichtfenster im Deckel ist praktisch, um den Gär- oder Backprozess zu beobachten, ohne den Deckel öffnen zu müssen. Einige Geräte besitzen sogar eine zuschaltbare Innenbeleuchtung, um den Blick in den Innenraum zu erleichtern. Bei Geräten ohne Sichtfenster kann der Gärprozess durch Öffnen des Deckels kontrolliert und der Backvorgang über das Display überwacht werden. Wer eine knusprige Kruste bevorzugt, sollte auf ein Sichtfenster verzichten. Ein geschlossener, hitzereflektierender Innendeckel sorgt für eine gleichmäßigere Wärmeverteilung und es geht keine Wärme durch ein Sichtfenster verloren.

Auch Form und Knethaken spielen eine Rolle

Alle Brotbackautomaten sind mit einer teflon- oder keramikbeschichteten Backform ausgestattet, damit sich das Brot nach dem Backen leicht aus der Form lösen lässt. Ein Blick auf die Sauerteigverträglichkeit der Backform lohnt sich, wenn Sauerteigbrote gebacken werden sollen. Leider gibt es auch minderwertige Qualitäten, bei denen sich die Beschichtung schnell ablöst oder abblättert. Manche Hersteller verwenden auch die chemische Verbindung PFOA (nicht unbedenklich und in der EU verboten!).
Je nach Gerät ist die Backform rechteckig (typische Kastenbrotform), quadratisch, hochkant oder oval, was aber nur ästhetisch von Bedeutung ist und keinen Einfluss auf die Qualität des Brotes hat.
Ein weiterer Unterschied besteht in der Anzahl der Knethaken. Bei Brotbackautomaten mit einem Knethaken entsteht lediglich eines statt zwei Löchern im Brotboden. Dafür haben Geräte mit zwei Knethaken einen großen Vorteil: Je größer das Brot und je mehr Mehl verwendet wird, desto schwieriger ist es, den Teig gründlich durchzukneten – mit doppelter Kraft geht das natürlich leichter. Außerdem ist die Backform bei diesen Geräten immer rechteckig, was dem Brot die typische Kastenform verleiht. Meine Erfah-

rung ist aber, dass der Brotbackautomat mit „nur" einem Knethaken für Brote von 500 bis 1200 Gramm völlig ausreicht, zumal man mit einem Teigschaber immer etwas nachhelfen kann, damit keine Mehlreste am Rand zurückbleiben und der Teig gut durchmischt wird.

Zutatenspender/Rosinen-/Nussverteiler

Manche Brotbackrezepte erfordern die Zugabe von Zutaten wie Nüssen, Rosinen usw. in verschiedenen Phasen des Backprozesses, weshalb einige Maschinen mit einem automatischen Zutatenspender ausgestattet sind: Diese Zutaten werden vor dem Kneten in den Spender eingefüllt und zum richtigen Zeitpunkt automatisch zugegeben. Dabei muss die Zutatenmenge auf die Größe des Spenders abgestimmt werden und ein manuelles Nachfüllen ist ggf. trotzdem erforderlich. Außerdem können nur trockene Zutaten eingefüllt werden, da z. B. Schokoladenstückchen oder eingelegte Rosinen den Zutatenspender verkleben würden bzw. die Schokolade bis zum Zeitpunkt der Zugabe schmelzen würde. Backautomaten ohne Zutatenspender erinnern durch einen Piepton daran, die Zutaten von Hand in die Backform zu geben.

Einfache Handhabung

Bevor Sie sich für ein Gerät entscheiden, werfen Sie auch einen Blick in die Bedienungsanleitung: Ist sie leicht verständlich und benutzerfreundlich? So einfach Brotbackautomaten zu bedienen sind, so kompliziert sind oft die Gebrauchsanweisungen. Manche sind schwer verständlich und verwirren eher. Gerade wer noch nie mit einem Brotbackautomaten gearbeitet hat, braucht aber eine klare und verständliche Anleitung in einfachen Worten, die nicht nur alle Funktionen und Bedienschritte erklärt, sondern auch auf mögliche Fehlerquellen hinweist. Hilfreich ist eine vorhandene Checkliste für Notfälle und Angaben zum Kundendienst bzw. Reparaturservice, die im Falle eines Defektes viel Zeit erspart.

Was man noch beachten sollte

- Die Handhabung des Automaten sollte einfach und übersichtlich sein, die Bedienungselemente sollten klar gekennzeichnet, übersichtlich und handlich sein. Die Programmwahl erfolgt entweder über Sensortasten oder einfache Drucktasten.
- Alle Backautomaten sind mit vorprogrammierten Backprogrammen ausgestattet. Die Vielfalt reicht von sechs bis zu über dreißig verschiedenen Programmen: Von Toast-, Normal- und Vollkornbrot bis hin zu schnell und glutenfrei – die Backprogramme decken die meisten Backwünsche ab. Sollte man dennoch unter den vorhandenen Programmen nicht das geeignete finden, so bieten sich immer die Programme „Teig" oder „nur Backen" an. Einige Geräte haben auch ein sehr praktisches „Individualprogramm", mit dem man alle Phasen des Backvorgangs nach eigenen Wünschen selbst programmieren kann. Neuere Modelle verfügen über „Langzeitprogramme" mit einer Gesamtlaufzeit von 5–6 Stunden, was optimal für das Backen mit weniger Hefe und langer Teigführung ist.
- Die meisten Geräte haben einen Stromausfallspeicher: Nach einem Stromausfall von maximal 10–30 Minuten arbeitet der Automat an der Stelle im Programm weiter, an der er unterbrochen wurde.

- Mit der Zeitschaltuhr (Timer-Funktion) können Sie vorprogrammieren, wann Ihr Brot fertig sein soll. Das ist eine perfekte Funktion für eine lange Teigführung oder Teige, die über Nacht gehen sollen. Sie können somit den Teig vorprogrammieren. Abends kommen alle Zutaten hinein, dann wird vorprogrammiert, der Rest geht von allein und morgens können Sie zum Frühstück Ihr selbstgebackenes Brot genießen oder den Teig weiterbearbeiten.

Wenn Sie ein Gerät nach Ihren Kriterien aussuchen und ihm einen festen Platz in Ihrer Küche überlassen, werden Sie viel Spaß und Freude am Backen haben. Doch eines bleibt sicher: Ein nützlicher und perfekter Brotbackautomat ist nicht nur Sache des Herstellers, sondern auch des Benutzers.

Achten Sie beim Kauf eines Brotbackautomaten auf Ihre persönlichen Bedürfnisse. Vergleichen Sie auch die Angebote in Elektrofachgeschäften und Discountern, denn hier gibt es oft große Preisunterschiede. Da das Potenzial eines Brotbackautomaten oft nicht erkannt wird, gibt es viele Geräte auch gebraucht zu günstigen Preisen.

WIE FUNKTIONIERT EIN BROTBACKAUTOMAT?

Der einfachste und simpelste Brotbackautomat hat eine Backform, die gleichzeitig als Rührschüssel dient, einen Knethaken und backt Brot. Brotbackautomaten bestechen durch ihre einfache Handhabung: Da sie alle nach dem gleichen Prinzip funktionieren, ist der Programmablauf bei allen Geräten sehr ähnlich.

Einsetzen der Backform

Im Inneren des Gehäuses befindet sich eine beschichtete Backform mit Knethaken. Um die Backform einzusetzen, halten Sie diese mit beiden Händen und setzen Sie sie in die Mitte des Sockels im Backraum. Drücken Sie die Form vorsichtig nach unten, bis sie einrastet. Bei einigen Modellen wird die Form im Uhrzeigersinn bis zum Anschlag gedreht. Setzen Sie nun den oder die Knethaken auf die Antriebswelle, die die Knethaken während des Betriebs des Geräts bewegt. Vergewissern Sie sich anschließend, dass die Haken fest sitzen.

Einfüllen der Zutaten

Alle Zutaten werden in einer vorgegebenen Reihenfolge in die Backform gefüllt: Normalerweise werden zuerst die flüssigen Lebensmittel wie Wasser und Milch und anschließend die trockenen wie Mehl und Zucker eingefüllt (bei einigen Geräten ist es umgekehrt, schauen Sie bitte in Ihrer Gebrauchsanweisung nach). Bei schweren Teigen empfiehlt es sich aber, die festen Zutaten zuerst in die Backform zu geben, dadurch wird der Teig besser geknetet. Einige Modelle haben ein separates Hefe- oder Zutatenverteilerfach, das sich zum richtigen Zeitpunkt öffnet, um die jeweilige Zutat zum Teig hinzuzugeben. Dieses müssen Sie vor dem Start entsprechend befüllen.
Alle Zutaten oder Teige, die Sie in den Brotbackautomaten geben, sollten bei Programmstart mindestens Zimmertemperatur haben. Schließen Sie zuletzt den Deckel des Gerätes.

Programmablauf

Über eine Folientastatur wählen Sie nun das gewünschte Programm, beispielsweise für Misch- oder Vollkornbrot, Weißbrot, Toastbrot oder Mehrkornbrot. Jeder Hersteller verwendet unterschiedliche Bezeichnungen für die Backprogramme, die sich aber häufig sehr ähneln. Mögliche Backprogramme sind z. B.: Normal, Toastbrot, Französisch, Weißbrot, Schnell, Kuchen, Vollkorn. Die einzelnen Programme geben vor, wie lange der Teig gemischt und geknetet werden, aufgehen und backen soll. So beginnt z. B. das Programm „Schnell“ mit einer Knetphase von 15 Minuten, dann ruht der Teig 40 Minuten und zuletzt wird er 60 Minuten gebacken – macht eine Gesamtzeit von 1 Stunde und 55 Minuten. Im Vergleich dazu sieht der Zeitablauf für das Backprogramm „Vollkornbrot“ wie folgt aus: 15 Minuten kneten, 15 Minuten ruhen, 15 Minuten kneten, 90 Minuten aufgehen und 60 Minuten backen – macht eine Gesamtzeit von 3 Stunden 15 Minuten. Dabei unterscheiden sich die genauen Zeitintervalle von Modell zu Modell und je nach Brotgröße.
Nach dem Programmstart übernimmt der Brotbackautomat automatisch alles weitere.
Informationen über den Zeitablauf und die Bedeutung Ihrer Backprogramme finden Sie in Ihrer Bedienungsanleitung, die Sie unbedingt vorab lesen sollten, um ein perfektes Ergebnis zu erzielen.

Welches Programm für Backen mit wenig Hefe?

Einige Hersteller von Brotbackautomaten haben schon auf die wachsende Beliebtheit der traditionellen Teigherstellung reagiert und bieten verschiedene Langzeitprogramme an, bei denen die Teige vollautomatisch über 4, 5 oder 6 Stunden Zeit bekommen. Hier hilft ein Blick in die Gebrauchsanweisung, ob Ihr Automat längere Backprogramme bietet. Alternativ können Sie auch ein Basic-Programm wie „Normal“ oder „Weißbrot“ jederzeit mit der Stopp-Taste abbrechen und zu einem späteren Zeitpunkt manuell mit dem Programm „Nur Backen“ backen.
Mit dem **„Eigenprogramm“** können Sie selbst programmieren, wie lange der Teig geknetet werden, ruhen und backen soll. Sehen Sie sich die Beschreibung der Programme und ihren zeitlichen Ablauf an und wählen Sie dann je nach Rezeptur und gewünschtem Endprodukt das passende Programm aus.

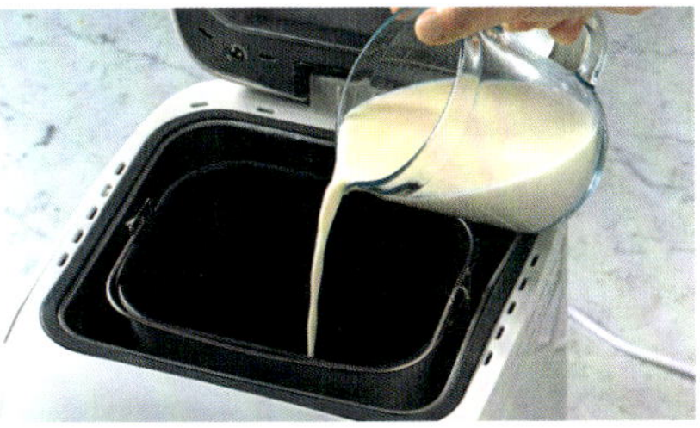

Die Flüssigkeit wird in die Backform geschüttet.

Gekneteter Teig

Gegangener Teig in der Backform

Die Gesamtzeit der Brotherstellung erscheint automatisch bei Auswahl des Backprogrammes im Display und läuft während des Knet-, Ruhe- und Backvorganges rückwärts.
Neben den kompletten Backprogrammen gibt es noch die sehr praktische **Funktion „Teig“** oder **„Brotteig kneten“.** Diese Programme ermöglichen es Ihnen, den Teig nur zu kneten und aufgehen zu lassen, um ihn anschließend weiter zu verarbeiten, sodass Sie beispielsweise die Pizza am Abend oder die Brötchen zum Sonntagsfrühstück oder Ihr Brot (damit es nicht immer rechteckig ist, sondern auch mal rund) im Ofen fertig backen können. Das Programm „Teig“ ist für eine Langzeitführung somit auch perfekt geeignet, der Automat stellt den Teig für Sie her. Anschließend lagern Sie diesen im Kühlschrank und holen ihn nach der Reifezeit wieder heraus, um ihn noch zu backen. Dafür gibt es das **Programm „Nur backen“**, dass, wie der Namen verrät, eben nur backt. Hier stellen Sie einfach die gewünschte Backzeit ein. Im Durchschnitt benötigen Brote 60 Minuten Backzeit, aber das Programm ist praktischerweise in 10-Minuten-Schritten einstellbar. Das ist auch zum Nachbacken sehr praktisch.
Optimal ist auch die **„Timer-Funktion“/ „Zeitschaltuhr“**, mit der ein zeitverzögertes Backen automatisch gestellt werden kann. Damit können Sie den Backvorgang mit einer zuvor eingestellten Verzögerung starten. Die eingestellte Zeit entspricht dabei immer dem Zeitpunkt der Fertigstellung. Diese lässt sich bei den meisten Automaten bis zu 15 Stunden im Voraus einstellen.

Das Backen

Die zum Backen erforderliche Hitze liefert ein Ringheizkörper, der sich meist im unteren Viertel des Backraums befindet. Dies ist auch der Grund dafür, dass den Broten aus dem Brotbackautomaten die typische intensive Bräunung auf der Oberseite fehlt. Außerdem ist die Kruste an den Seiten wesentlich stärker ausgeprägt als oben, da die Geräte nur von unten beheizt werden und sich die Hitze daher nur über die Backform auf den Teig überträgt. Es fehlt einfach die Strahlungswärme der Ober- und Unterhitze aus dem Backofen. Der Bräunungsgrad ist aber auch vom Rezept abhängig: Ein Brot mit hellem Mehl (z. B. Weizenmehl Type 550) bleibt blasser als eines mit dunklem Mehl (z. B. Roggenvollkornmehl). Sollte das Brot nach dem Ende des Backprogramms noch zu hell sein, können Sie, sofern Ihr Modell es unterstützt, mit dem Programm „Backen“ nachbacken, bis die perfekte Bräunung erreicht ist.
Mit einer **„Bräunungstaste“** haben Sie auch Einfluss auf die gewünschte Krustenbräune. Sie können zwischen hell, mittel oder dunkel wählen. Wobei eine dunkle Krustenbräune wegen der fehlenden Oberhitze relativ zu sehen ist.

Fertig!

Wenn das Brot fertig ist, ertönt mehrmals ein Piepton, um anzuzeigen, dass das Brot entnommen werden kann. Gleichzeitig beginnt bei den meisten Modellen eine Warmhaltezeit von bis zu 60 Minuten. So wird vermieden, dass sich Kondenswasser in der Backform bildet und das Brot knatschig wird. Drücken Sie die „Stopp“-Taste und schalten Sie das Gerät aus.
Nehmen Sie nun die Backform (Vorsicht, heiß!) mithilfe von Topflappen heraus

und stürzen Sie das Brot auf einen Gitterrost. Sollte es sich nicht gleich aus der Backform lösen, schütteln Sie die Backform oder drehen Sie ein paarmal an der Antriebswelle, bis das Brot herausfällt. Das geht selbstverständlich wesentlich leichter, wenn nach dem letzten Knetgang der Knethaken entfernt wurde. Alternativ können Sie auch einige Minuten ein nasses Tuch auf die Backform legen, dann löst sich das Brot oder der Kuchen fast von selbst.
Wenn der Knethaken im Brot stecken bleibt, versuchen Sie, ihn herauszulösen, was nicht immer ganz einfach ist, besonders wenn er festgebacken ist. Das passiert bei schweren Vollkornbrotteigen eher als bei hellen Weißbrotteigen. Hilfreich ist auch ein Knethakenentferner, der bei einigen Herstellern gleich mitgeliefert wird. Unter „Tipps und Tricks“ **(S. 17)** finden Sie noch weitere Lösungsvorschläge.

Geduldsprobe: abkühlen lassen

Auch wenn die Verlockung groß ist, direkt eine Scheibe Brot abzuschneiden, um zu probieren: Lassen Sie das Brot zuerst auf einem Gitterrost vollständig abkühlen, denn warm lässt es sich nicht gut anschneiden. Und bei manchen Broten, vorwiegend bei mit Roggenmehl gebackenen, entwickelt sich das volle Aroma erst nach ein bis zwei Tagen Reifezeit.

Zuletzt: Die Reinigung

Bevor Sie mit der Reinigung starten, ziehen Sie den Netzstecker und lassen Sie den Brotbackautomaten abkühlen. Säubern Sie den Brotbackautomaten plus Zubehör ausschließlich von Hand. Die Backform dürfen Sie nicht in die Spülmaschine stellen, da sonst die Antihaftbeschichtung beschädigt werden kann und sich dadurch das Brot nicht

Der Knethaken wird mit Hilfe eines Knethakenentferners entfernt.

Lassen Sie das fertige Brot auf einem Gitter abkühlen.

WANN IST EIN BROT FERTIG GEBACKEN?

Die Backzeit richtet sich nach dem Produkt, der Programmauswahl und der Zutatenmenge. Um zu testen, ob ein Brot fertig gebacken ist, haben Sie mehrere Möglichkeiten. Holen Sie das Brot aus der Backform und klopfen leicht auf die Unterseite des Brotes, es sollte „hohl“ klingen. Falls nicht, einfach mit der Backfunktion „Nur Backen“ noch einige Minuten nachbacken. Eine sichere Methode ist die Benutzung eines Einstichthermometers. Bei einer Kerntemperatur von 94–99 °C ist das Brot fertig gebacken.

mehr leicht aus der Form lösen lässt. Scheuermittel oder Metallbürsten können die Antihaftbeschichtung ebenfalls zerstören. Reinigen Sie die Backform ausschließlich mit klarem Wasser und Spülmittel, achten Sie darauf, deren Außenseite nicht ins Wasser zu tauchen. Falls das doch passiert, trocknen Sie die Backform sorgfältig ab, damit die Antriebswelle nicht rostet.

Füllen Sie am besten die Backform (inklusive Knethaken) mit warmem Spülwasser und lassen Sie alles 5–10 Minuten einweichen. Anschließend können Sie die Backform ganz leicht auswischen und auch der Knethaken lässt sich leicht lösen. Reinigen Sie den Knethaken mit Spülmittel und warmem Wasser.

Ein Tipp von mir: Für die Säuberung von unzugänglichen Stellen, wie z. B. dem Stift, auf dem der Knethaken sitzt, oder dem Loch im Knethaken selbst, haben sich Wattestäbchen oder ein kleiner Pinsel bewährt. Um Mehlreste oder andere Zutatenreste aus dem Geräteinneren zu entfernen, eignet sich am besten ein Staubsauger. Der Brotbackautomat kann außen und innen mit einem weichen, feuchten Tuch abgewischt werden.

ARBEITSSCHRITTE IM ÜBERBLICK

- Backform einsetzen
- Knethaken einsetzen
- Zutaten in vorgegebener Reihenfolge einfüllen
- Deckel schließen
- Gerät einschalten
- Programmablauf auswählen, z. B. „Basic"
- Bräunungsgrad und Brotgröße wählen
- Start-Taste drücken
- Automat mischt, knetet, ruht, backt den Teig vollautomatisch
- Ende des Programmablaufes, Brot herausnehmen, abkühlen lassen und genießen

TIPPS & TRICKS FÜR GUTES GELINGEN

So gelingt auch Ihnen das perfekte Brot im Brotbackautomat!

Es gibt viele Ursachen, warum ein Brot manchmal nicht so gelingt, wie Sie es sich vorstellen. Seien Sie geduldig bei der Fehlersuche und lassen Sie sich nicht entmutigen – oft sind es nur Kleinigkeiten, die sich durch Kenntnisse Ihres Brotbackautomaten, der Zutaten und durch praktische Übung beheben lassen. Ihr Anspruch sollte nicht sein, das schönste Brot der Welt zu backen. Auch wenn es etwas eingefallen ist, hat selbstgebackene Brot Charakter und kann dennoch köstlich im Geschmack sein. Brot oder Gebäck muss nicht perfekt aussehen, es muss Ihnen schmecken!

GESCHMACK VON BROTEN AUS DEM BROTBACKAUTOMATEN

Brote aus dem Brotbackautomaten schmecken manchmal etwas anders als solche aus dem Backofen. Das liegt liegt zum einen an der unterschiedlichen Feuchtigkeit und der fehlenden Vorheizmöglichkeit, zum anderen an der fehlenden Oberhitze im Brotbackautomat. Im Backofen wird das Brot im vorgeheizten Ofen wesentlich trockener ausgebacken. Im Brotbackautomaten ist das Brot immer feuchter und hat dadurch auch eine weichere und hellere Kruste.

BEI DER ZUBEREITUNG

- Wenn Sie zum ersten Mal mit einem Brotbackautomaten backen, verwenden Sie am besten ein Rezept aus der Gebrauchsanweisung oder eine Backmischung aus dem Handel. So können Sie sich mit der Bedienung des Gerätes vertraut machen und sicher sein, dass Ihr Brot auch gelingt. Bei Eigenkreationen oder Rezepten wie in diesem Buch, gelingt es nicht immer auf Anhieb, da die verschiedenen Brotbackautomaten kleine Abweichungen haben oder andere Faktoren wie zum Beispiel der Mahlgrad und die Qualität des Mehles eine Rolle spielen können.
- Alle Zutaten, die Sie in den Brotbackautomaten einfüllen, sollten, wenn nicht anders angegeben, Zimmertemperatur (18–22 °C) haben.
- Mischen Sie die trockenen Zutaten gut, bevor Sie diese in den Brotbackautomaten geben. Dadurch gehen Sie sicher, dass sich bei kurzen Programmen alles gut vermischt hat.
- Überprüfen Sie die Teigkonsistenz nach dem ersten Kneten. Der Teig sollte im Normalfall klebrig und weich, aber nicht zu flüssig sein. Halten Sie immer etwas von der angegebenen Flüssigkeit zurück und geben Sie diese nach und nach zum Teig, da jedes Mehl unterschiedlich viel Wasser aufnimmt. Sollte der

Teig trotzdem zu feucht sein, geben Sie esslöffelweise noch etwas Mehl, gemahlenes Altbrot oder quellende Zutaten wie Flohsamenschalen oder Leinsaat hinzu. Ist der Teig zu trocken, fügen Sie esslöffelweise noch etwas Flüssigkeit hinzu.

- Kratzen Sie nach dem ersten Knetvorgang das Restmehl in den Ecken der Backform mit einem Teigschaber zusammen. Dadurch kann alles gut verrührt werden und Ihr Brot hat nach dem Backen keine Mehlränder.
- Entfernen Sie den Knethaken nach dem letzten Knetgang (am besten die Hände dabei etwas einmehlen), dann erhalten Sie ein Brot (fast) ohne Loch.

NACH DEM BACKEN

- Sollten Sie den Knethaken nach dem letzten Knetgang nicht entfernt haben, drehen Sie den Brotbehälter um und drehen Sie die Antriebswelle einige Male, damit der Knethaken leichter herausfällt.
- Sollte Ihr Brot zu hell sein, können Sie es mit dem Programm „Backen“ sofort nachbacken. Wenn die Oberfläche generell etwas dunkler sein soll, bestreichen Sie die Teigoberfläche nach dem letzten Kneten mit einer Mischung aus 1 Eigelb mit Sahne, Butter, Margarine, Kondensmilch oder Milch. Sie können auch Leinsaat oder Sonnenblumenkerne auf die Teigoberfläche streuen, das lenkt von der nicht so ausgeprägten Kruste ab.
- Nehmen Sie das Brot nach dem Backen aus der Form und lassen Sie es auf einem Gitter ganz abkühlen, bevor Sie es anschneiden.
- Lassen Sie den Deckel des Brotbackautomaten nicht zu lange geöffnet, dadurch leiert das Scharnier aus und der Deckel lässt sich nicht mehr richtig schließen.
- Um ein zufriedenstellendes Ergebnis zu erzielen, empfehle ich, sich Notizen über die verwendeten Zutaten und Rezepte zu machen. Zum Beispiel: „Weniger Wasser nehmen (nur 350 ml), mit Weizenmehl statt Dinkelmehl schmeckt es besser, war mir persönlich zu hell gebacken …“ So können Sie beim nächsten Backen Ihre individuellen Vorlieben berücksichtigen. Und sollte ein Rezept einmal nicht auf Anhieb gelingen, können Sie anhand Ihrer Notizen herausfinden, woran es gelegen hat.

WAS SIE BEACHTEN SOLLTEN

- Die Zutaten sollten immer frisch und qualitativ hochwertig sein, denn dies ist einer der wichtigsten Faktoren für den Erfolg des Brotbackens.
- Sie können mit etwas Erfahrung die Mehlsorten in den Rezepten austauschen und Ihren Favorit verwenden.
- Alle verwendeten Zutaten sollten Zimmertemperatur (ca. 18–23 °C) haben. Wenn Sie jedoch mit dem „Timer“ arbeiten, können Sie die Zutaten direkt aus dem Kühlschrank in den Backautomaten geben, denn bis zum Backbeginn nehmen die Zutaten Zimmertemperatur an. Bedenken Sie jedoch, dass leicht verderbliche Zutaten wie Eier, Milch oder Käse erst kurz vor Beginn des Backvorgangs zugegeben werden können.
- Achten Sie bei den Zutaten auch auf das Mindesthaltbarkeitsdatum, denn Zutaten, die abgelaufen sind, führen nicht zum gewünschten Ergebnis.

DIE LANGZEITFÜHRUNG

Wenn Sie bedenken, dass Ihr Brot zum größten Teil aus Mehl besteht, ist es natürlich wichtig, sich etwas Wissen über diesen Rohstoff anzueignen. Lernen Sie die Eigenschaften aller Zutaten kennen, geben Sie dem Teig genügend Zeit und seien Sie geduldig – nicht nur mit dem Teig, sondern auch mit sich selbst. Ein weiterer Faktor für erfolgreiches Backen sind beste Zutaten, damit ihr Brot so gelingt, wie Sie es sich wünschen. Achten Sie daher beim Einkauf auf Qualität und Frische.

ZURÜCKLEHNEN UND WARTEN – FAKTOR: ZEIT

Zeit ist eine wichtige „Zutat" im Brot und der Brotbackautomat übernimmt einen Großteil des Zeitaufwands für Sie. Für „gesundes" Brot muss der Teig lange reifen, um Inhaltsstoffe abzubauen, die zu Krankheitssymptomen führen können. Nutzen sie Ihr Bauchgefühl lieber für Erfahrungen im Umgang mit Teigen und erleichtern Sie sich das Backen mit einem Brotbackautomaten. Auch wenn das Backen mit langer Teigführung Vorausplanen nötig macht, so werden Sie nicht nur gesundheitliche, sondern auch geschmackliche Vorteile feststellen. Durch die lange Teiggärung entwickeln sich ein individueller Geschmack und charakteristische Aromen.

KANN MAN DEN BROTTEIG AUCH ZU LANGE GEHEN LASSEN?

Ja, auch bei der langen Gehzeit gibt es ein Zuviel. Nach einer zu langen Reifezeit fallen die Brotteige in sich zusammen und Sauerteigbrote schmecken viel zu sauer.

WAS BEDEUTET LANGZEITFÜHRUNG/ LANGE TEIGFÜHRUNG?

Das Wort „Teigführung" stammt aus der Bäckersprache und bezeichnet die Art und Weise, wie der Teig verarbeitet bzw. geführt wird. Die Teigführung kann kurz oder lang, kalt oder warm sein. Bei einer langen Teigführung erhält der Teig ausreichend Zeit zum Gehen. Die Gehzeit ist deutlich länger als üblich, der Teig reift über mehrere Stunden oder auch über Nacht (Übernachtgare). Was auch „Taggare" bedeuten kann, da es eigentlich nur um die verlängerte Zeit bzw. Stunden geht, in denen der Teig ruht. Dem Teig selbst ist es gleichgültig, ob dies tagsüber oder nachts geschieht. Die Triebkraft der Hefe wird vermindert, indem man den Teig entweder kalt stellt (Kühlschrank) oder weniger Hefe verwendet oder beides.

WIE FUNKTIONIERT LANGZEITFÜHRUNG IM BROTBACKAUTOMAT?

Wie so oft führen viele Wege nach Rom. Ziel und Zweck ist es, den Teigen mit wenig Hefe viel Zeit zu geben. Dies geschieht durch „Langzeitprogramme" im Brotbackautomaten, die vollautomatisch 4,5 oder 6 Stunden laufen, durch Vorteige, die vor dem eigentlichen Hauptteig hergestellt werden, oder durch eine lange Teigruhe bei Raumtemperatur bzw. im Kühlschrank.

Im Brotbackautomaten haben Sie mehrere Möglichkeiten:

- 1. Je nach Modell und Hersteller gibt es „Langzeitprogramme" wie „Französisch" oder „Vollkorn". Diese Programme laufen vollautomatisch über 5 bis 6 Stunden ab. Das Brot wird also wie gewohnt gebacken, nur dass es länger dauert. Hier wird die Hefezugabe auf ein Minimum reduziert, was die Reifezeit entsprechend verlängert.
- 2. Die meisten Brotbackautomaten verfügen über ein sogenanntes „Eigenprogramm". Hier können alle Parameter wie Knetzeit, Ruhezeit und Backzeit manuell programmiert werden, so dass der Backvorgang vollautomatisch abläuft.
- 3. Eine andere Möglichkeit ist es, den Backautomaten zwischendurch auszuschalten, den Teig ruhen zu lassen und anschließend mit dem Programm „Nur Backen" zu backen. Programme wie „Kneten", „Teig" oder „Basic" eignen sich perfekt dafür.
- 4. Sie können auch mit der praktischen Timer-Funktion arbeiten. Dieses Feature funktioniert wie eine Zeitschaltuhr und lässt sich 12 Stunden im Voraus einstellen.
- 5. Nach dem Kneten wird die Backform mit dem Teig aus dem Automaten genommen und der Teig zugedeckt bei 5–6 °C in den Kühlschrank gestellt. Dadurch verlängert sich die Reifezeit um 12–16 Stunden. Danach wird die Backform wieder in den Automaten geschoben und das Brot im Programm „Nur Backen" gebacken.

Mögliche Zutaten für Brühstück, Quellstück oder Kochstück

Abgedeckt im Kühlschrank

Sie dürfen also flexibel sein. Wählen Sie die Variante, die am besten in ihren Alltag passt. Sie haben auch jederzeit die Möglichkeit, den Teig bzw. die Reifezeit über die Parameter Wärme und Kälte zu steuern. Konkret bedeutet das, ausgehend von einer Raumtemperatur 18–20 °C: Die Teigreife verdoppelt sich pro 5 °C kühlerer Temperatur und halbiert sich pro 5 °C wärmerer Temperatur.

WELCHE VORTEILE HAT EINE LANGZEITFÜHRUNG VON TEIGEN?

- **1. Bessere Bekömmlichkeit/ Verträglichkeit**
  Die FODMAPs, die im Verdacht stehen, für das Reizdarmsyndrom verantwortlich zu sein, werden durch die längere Gehzeit reduziert. Die Verfügbarkeit von Mineralstoffen wird dadurch erhöht.
- **2. Besserer Geschmack/Aroma**
  Während der längeren Gehzeit kann sich das Aroma intensiver entwickeln. Durch eine geringe Menge an zugegebener Hefe können sich die Hefen natürlich vermehren, dadurch dominiert der Hefegeschmack nicht in den Broten.
- **3. Längere Haltbarkeit**
  Das Mehl kann das Wasser besser verquellen, da es länger Zeit hat, das Wasser zu binden. Indem mehr Wasser gebunden wird, verlängert sich die Haltbarkeit. Dadurch bleibt das Brot länger frisch.

WAS SIND FODMAPS?

FODMAPs ist die Abkürzung für Fermentable Oligo-, Di-and Monosaccarides And Polyols. Einfacher gesagt: „Zuckerstoffe“. Sie kommen in Getreide, Äpfeln, Linsen und anderen Lebensmitteln vor. Für einige Menschen sind diese Zucker allerdings schwer verdaulich und führen zu Blähungen, Bauchkrämpfe, Durchfall oder Verstopfungen. Dies lässt sich beim Backen jedoch leicht vermeiden, indem man mit einer langen Teigführung arbeitet und dem Teig somit viel Zeit gibt, diese selbst abzubauen.

BESSERER GESCHMACK VON BROTEN

Durch lange Reifezeiten und somit weniger Hefe entwickeln sich komplexe Aromen im Teig, dass selbst Hefebrote geschmacklich einem Sauerteigbrot nahekommen.

DIE TEIGFÜHRUNG

Der Herstellungsprozess vom Mischen der Zutaten bis zum Backen ist für das Aroma und die Verträglichkeit des Brotes entscheidend.

Vorteige

Es gibt verschiedene Arten von Vorteigen. Sie sind eine Mischung aus Mehl, Hefe und Flüssigkeit, die in der Regel 2 bis 24 Stunden vor dem Backen hergestellt werden und während dieser Zeit kalt oder warm reifen. Neben den genannten gesundheitlichen Vorteilen kann sich der Hefestoffwechsel in dieser Zeit bereits auf das Mehl und die Flüssigkeit einstellen, was einen Zeitvorteil für den Hauptteig bedeutet.

- **1. Vorteige zum Verquellen von Zutaten:** Brühstück, Quellstück, Kochstück.
- **2. Vorteige zum Lockern des Teiges:** Hefevorteige wie Pâte Fermenté, Biga, Poolish und Sauerteige/Backferment.

Brote mit Brüh-, Koch- und Quellstück

Alle drei Vorteige haben das Ziel, Wasser im Teig zu binden. Ohne diese Vorverquellung würden sie dem Hauptteig Flüssigkeit entziehen. Die Zugabe von mit Wasser gequellten Mehlen, Körnern, Samen oder Schrot verleiht dem Brot außerdem bessere Eigenschaften:

- Es wird saftiger.
- Es erhält eine bessere Textur.
- Es wird schnittfester.

Alle Körner, Kerne und Samen können Sie beim Backen nach Ihren Vorlieben austauschen.

- Es bekommt einen intensiveren Geschmack, ein volles Aroma.
- Es ist länger haltbar.

Brühstück

Ein Brühstück dient der Verquellung von Samen, Körnern, Mehlen, Schroten oder auch Restbrot.
Zubereitung: Mehle, Körner oder Ölsamen werden im Verhältnis 1:1 bis 1:3 mit kochendem Wasser übergossen und mit einem Kochlöffel oder dem Programm „Teig" im Automaten gut verrührt, bis ein fester „Kloßteig" entsteht. Anschließend muss er mindestens 30 Minuten bis 12 Stunden stehen, damit der „Getreidebrei" gut durchquellen bzw. verkleistern kann. Sie können das fertige Brühstück bis zu drei Tage im Kühlschrank aufbewahren. Um eine Fremdgärung zu verhindern, können Sie die Salzmenge auch direkt in das Brühstück geben. Decken Sie den Teig während dieser Zeit mit Folie oder einem Deckel gut ab, damit die Oberfläche nicht austrocknet.

Kochstück

Wie der Name schon verrät, werden hier Mehl oder Getreidekörner, z. B. Reis, Quinoa, Buchweizen oder Hirse, mit der dreifachen Menge Wasser gekocht. Der Anteil von Kochstücken im Rezept liegt bei etwa 10–15 Prozent der Teigmenge.
Zubereitung: Die Getreidekörner werden in einem Sieb kalt abgespült und gründlich gewaschen. Anschießend in einem Topf mit Wasser für 20 Minuten kochen und abgedeckt bei ausgeschalteter Herdplatte 10 Minuten nachquellen lassen. Bei Verwendung von Mehl kochen Sie eine Art „Pudding". Dafür Mehl und Wasser mit einem Schneebesen unter Rühren aufkochen, bis die Masse eindickt. Direkt auf der Oberfläche mit Klarsichtfolie abdecken und gut abkühlen lassen oder im Kühlschrank lagern. Vor der Verwendung auf Zimmertemperatur bringen.

Quellstück

Beim Quellstück ist das Ziel, über eine Zeitspanne von 2 bis 24 Stunden die Bestandteile ausquellen zu lassen. Eine Salzzugabe verhindert eine Fremdgärung, so dass Sie die gewünschte Salzmenge auch direkt in das Quellstück geben können.
Zubereitung: Samen, Getreidekörner oder Schrot werden in Wasser zum Vorquellen angesetzt. Das Verhältnis von Schüttflüssigkeit (Wasser) zu Rohstoff beträgt meist 1:2 oder 1:3.
Sesam können Sie für einen intensiveren Geschmack vor der Verarbeitung in einer Pfanne ohne Fett kurz anrösten. **Sonnenblumenkerne** können Sie wie Sesamsamen entweder geröstet oder ungeröstet zum Teig geben. Bei **Leinsamen** empfehle ich wegen seines enormen Quellvermögens, ihn mit etwa der doppelten Gewichtsmenge Wasser einzuweichen. Wenn Sie kochendes Wasser (100 °C) verwenden, reicht eine Quellzeit von 2–4 Stunden. Bei kaltem Wasser lassen Sie die Samen über Nacht ausquellen. Um den Leinsamengeschmack noch zu verstärken,

können Sie etwa ein Viertel des Leinsamens in geschroteter Form hinzugeben.

Vorteige zum Lockern des Teiges

Hierbei handelt es sich um Hefevorteige oder Sauerteige, die nach ihrer Reifung einfach mit den restlichen Zutaten als Hauptteig geknetet werden. Diese Vorteige benötigen etwas Vorlaufzeit, da sie 2–24 Stunden vor dem Backen angesetzt werden. Die Zeit variiert je nach Temperatur der Umgebung: Ist die Raumtemperatur (18–20 °C) beispielsweise 5 °C wärmer, gärt der Vorteig doppelt so schnell. Ein Sauerteig reift im Warmen in 8 Stunden, während der gleiche Sauerteig im Kühlen über 24 Stunden braucht, um zu fermentieren.

Pâte Fermenté

auch „alter Teig" genannt, ist ursprünglich ein Stück Teig, das beim Backen übriggeblieben ist und im Kühlschrank aufbewahrt wurde. Am nächsten Tag wurde dieser Vorteig dann wieder in den Brotteig gegeben. Da Sie keinen Brotteig übrighaben werden, wird der Pâte Fermenté einfach neu angesetzt. Er sorgt für ein vielschichtiges Aroma, verbessert die Krustenbräunung und stärkt das Klebergerüst im Teig.

Biga

ist ein typisch italienischer, fester Vorteig mit nussigen Geschmacksnoten, z. B. für Brote wie Ciabatta. Dafür wird Mehl mit der halben Menge an Flüssigkeit und 1 Prozent Hefe verknetet und mehrere Stunden kühl gelagert. Die Biga entwickelt so ein mildes Säureprofil und verringert die Dehnbarkeit des Teiges.

Poolish

soll auf polnische Bäcker zurückgehen, die diese Art des Vorteiges nach Frankreich gebracht haben. Dort wurde der Poolish einer der wichtigsten Vorteige bei der Herstellung von Baguettes. Es wird immer die gleiche Menge Mehl und Flüssigkeit mit maximal 1 Prozent Hefe gemischt. Der Poolish hat einen mild aromatischen, fruchtigen Geschmack und sorgt für eine rösche Kruste beim Brot oder Baguette.

Sauerteig

ist die älteste Teiglockerungsmethode für Brote und ein Naturprodukt ohne jegliche Zusatzstoffe. Der Sauerteig ist, anders als sein Name erwarten lässt, kein eigenständiger Teig, sondern – ähnlich wie die Hefe – ein wichtiger Bestandteil und Triebmittel für aromatisches Brot. Anders als die Vorteige besteht er aber nicht nur aus Mehl, eigenen Hefen und Flüssigkeit, sondern auch aus Milchsäurebakterien – daher säuert er den Teig.
Die Basis eines jeden Sauerteigs ist das sogenannte Anstellgut. Es entsteht aus einer Mischung aus Mehl und Wasser, in der sich spontan Milchsäure- und Essigsäurebakterien, Hefen, Alkohol und CO_2 vermehren und natürliche Aromastoffe bilden. Man muss Sauerteig etwas Zeit geben, ihn auch temperaturmäßig führen, sowie ein ideales Mischungsverhältnis finden. Die eigenen Hefen entwickeln sich am besten bei 26 °C, je wärmer und weicher ein Teig geführt wird, umso milder wird er. Sauerteig macht Brote größer und lockerer, bekömmlicher und verändert bzw. verbessert den Geschmack durch Entwicklung von unzähligen Aromen. Außerdem wird die Haltbarkeit durch lange Quellzeiten des Mehles verlängert. Nicht nur Roggenbrote, auch Weizen- und Dinkelbrote profitieren von einem Sauerteig.

Roggensauerteig

Weizensauerteig

Reinen Sauerteig können Sie ganz einfach selbst herstellen. Gerade wenn Sie häufiger Sauerteigbrote backen, ist es billiger, schmackhafter und spannender, Ihren eigenen Sauerteig anzusetzen. Die Zugabe von Hefe erübrigt sich dann bzw. verringert sich je nach Triebstärke des Sauerteigs deutlich. Die Zubereitung ist nicht schwer und wird Ihnen nach einer Weile, wenn Sie etwas Routine haben, ebenso leicht von der Hand gehen wie das Backen mit Hefe.
Nur etwas Geduld ist nötig, denn die Sauerteigherstellung dauert mehrere Tage. Während dieser Zeit ist es wichtig, die Temperaturbedingungen zu steuern, damit der Säuerungsprozess in die Gänge kommt und der Sauerteig nicht zu sauer wird.
Die Temperaturen sollten Sie mit einem Thermometer kontrollieren. Erreichen können Sie diese durch folgende Tipps:

- Backofen oder Mikrowelle mit eingeschaltetem Licht
- Auf der Heizung mit einem Holzbrett unter dem Gefäß
- Styroporbox mit Wärmekissen oder Wärmflasche
- Gärbox, bei der sich die Gradzahl einstellen lässt (Preis ca. 150,- Euro)

Das Gute daran: Haben Sie einmal erfolgreich einen Sauerteig hergestellt, können Sie auf dieser Basis ein Leben lang Sauerteigbrote backen.

IM HANDEL ERHALTEN SIE KEINEN AKTIVEN SAUERTEIG BZW. ANSTELLGUT MIT TRIEBKRAFT

Bei diesen Produkten ist immer eine Triebmittelzugabe (Hefe) erforderlich. FertigSauerteig wird in flüssiger Form und als Pulver angeboten.

Grundrezept für Sauerteig
Zutaten: 400 g Roggenmehl Type 1150 und 400 ml Wasser

- 1. Tag: 100 g Roggenmehl Type 1150 mit 100 ml lauwarmen Wasser (30–35 °C) verrühren. Zugedeckt mit einem Deckel oder Folie an einem warmen Ort (etwa 26–30 °C) für 24 Stunden stehen lassen.
- 2. Tag: Anschließend 100 g Roggenmehl Type 1150 und 100 ml lauwarmes Wasser (30 °C), in den Ansatz *(200 g vom 1. Tag)* rühren und erneut zugedeckt bei etwa 26–30 °C für 24 Stunden stehen lassen.
- 3. Tag: 100 g Roggenmehl Type 1150 und 100 ml lauwarmes Wasser (30 °C) in den Ansatz *(400 g vom 2. Tag)* dazu rühren und erneut zugedeckt bei etwa 26–30 °C für 24 Stunden stehen lassen.
- 4. Tag: 100 g Roggenmehl Type 1150 und 100 ml lauwarmes Wasser (30 °C), in den Ansatz *(600 g vom 3. Tag)* rühren und erneut zugedeckt bei etwa 26–30 °C) für 24 Stunden stehen lassen.
- 5. Tag: Jetzt ist der Sauerteig gebrauchsfertig: Er sollte mild-säuerlich riechen und eine gute Porung (Luftbläschen) aufweisen. Er kann jetzt als Starterkultur (Anstellgut) zum Ansetzen eines neuen Sauerteiges genutzt werden.

Für jede Getreideart (Roggen, Weizen, Dinkel, etc.) ist eine eigene Zusammensetzung der Milchsäurebakterien und Hefen erforderlich, die den Geschmack und die Triebkraft beeinflussen. Deshalb ist ein WeizenSauerteig bei Verwendung von Weizenmehl besser geeignet als Roggensauerteig. Das „Grundrezept für Sauerteig“ eignet sich auch für Weizen-, Dinkel oder jedes andere Mehl. Am einfachsten ist es jedoch, einen bereits vorhandenen aktiven RoggenSauerteig haben, durch „Füttern“ einer anderen Getreideart den Sauerteig auf die gewünschte Getreideart „umzuzüchten“. Das hat den Vorteil, dass man schnell einen aktiven und stabilen Sauerteig erhält. Füllen Sie in ein neues Glas mit Schraubdeckel 10 g Anstellgut (aus dem Glas im Kühlschrank, siehe „Sauerteig aufbewahren“), 50 ml warmes Wasser und 50 g der neuen Mehlsorte, verrühren alles mit einem Löffel und lassen die Mischung im verschlossenen Glas bei etwa 26–28 °C rund 5–10 Stunden stehen. Bei jeder weiteren „Fütterung“ geben Sie immer die neue, gleiche Mehlsorte dazu, das macht den Sauerteig stabil.

Sauerteig aufbewahren

Damit die Prozedur der Sauerteigherstellung nicht jedes Mal wiederholt werden muss, geben Sie etwas von dem Sauerteig in ein Glas mit Schraubdeckel (Marmeladen- oder Einmachglas) und bewahren Sie dieses im Kühlschrank auf. So hält sich das Anstellgut mindestens eine Woche, sodass mit ihm jederzeit ein neuer Sauerteig angesetzt werden kann.

Sauerteig pflegen

Damit er am „Leben“ bleibt bzw. nicht verhungert, wird der Sauerteig idealerweise einmal in der Woche gefüttert. Dazu füllen Sie 10 g Anstellgut mit 50 g Mehl (beispielsweise Roggenmehl Type 1150) und 50 ml warmem Wasser in ein Glas, verrühren die Zutaten mit einem Löffel und lassen das Ganze an einem warmen Ort bei etwa 26–28 °C rund 5–10 Stunden stehen. Wenn das Anstellgut das Volumen verdoppelt bis verdreifacht hat, das Glas bis zur Verwendung des Sauerteigs oder bis zur nächsten Fütterung wieder in den Kühlschrank stellen.
Häufiges Füttern mit frischer Nahrung dankt Ihnen der Sauerteig mit einem milden Aroma und guter Triebkraft. Zum Brotbacken nehmen Sie dann etwas von dem Anstellgut aus dem Glas, um einen Sauerteig für das Brot anzusetzen. Um dem aufbewahrten Sauerteig nicht zu schaden, wird er immer getrennt vom Brotteig geführt, da im Brotteig je nach Rezept auch andere Mehle, Fett, Zucker, Salz, Hefe und/oder andere Zutaten enthalten sind.

Sauerteig führen

Mit einem Sauerteigansatz lässt sich nun ein Brotteig herstellen. Sie können den Sauerteig nur als Aromageber nutzen und Hefe hinzugeben oder ihn richtig aktiv machen und als einziges Triebmittel nutzen. Generell gilt, dass Temperaturen von 26–28 °C und ein weich geführter Teig optimal sind, um die Triebkraft und ein mildes Aroma zu fördern. Eine starke Säuerung tritt ein,

DER ERSTE SCHRITT ZUM SAUERTEIG: DAS ANSTELLGUT

Die Basis eines jeden Sauerteigs ist das Anstellgut. Falls Ihnen der Zeitaufwand zu groß ist, um einen aktiven Sauerteig selbst herzustellen, fragen Sie einfach mal in einer Bäckerei oder bei einem backfreudigen Nachbarn oder Bekannten nach, ob er Ihnen etwas von seinem Sauerteig abgibt. Selbst im Internet bieten einige ihr Anstellgut zum Verkauf an, so dass Sie direkt loslegen können.

SAUERTEIG = ECHTE LEIDENSCHAFT –TEIG FÜR TEIG

Nicht jeder möchte sich mit der Pflege eines Sauerteigs beschäftigen. Was ich durchaus verstehen kann. Schließlich steht das Backen mit einem Brotbackautomaten für Einfachheit. Jedoch lohnt sich der Mehraufwand. Und wenn Sie Routine bei der Sauerteigbäckerei bekommen haben, ist es nicht schwieriger, als mit einer Backmischung zu backen. Und die meiste Arbeit nimmt Ihnen nach wie vor der Brotbackautomat ab.

wenn der Sauerteig kühl geführt wird, fest ist, mit Mehlen hoher Typenzahl angesetzt wurde und lange zur Reife steht. Für den Hausgebrauch hat sich die **Einstufenführung** bewährt. Sie ist einfach in der Herstellung, hat eine sehr gute Reifetoleranz und ein ausgewogenes Verhältnis von Milch-, und Essigsäure was den Sauerteig angenehm mild-aromatisch macht.

Etwas aufwändiger in der Herstellung ist der **Dreistufensauer**, dafür hat er aber eine optimale Triebkraft und ein mildes Aroma. Für ihn werden in drei Schritten/Stufen Sauerteig-Ansätze hergestellt.

Schritt/Stufe 1 „Anfrischsauer“: 5 g Anstellgut mit 10 g Mehl und 10 ml Wasser verrühren. Zugedeckt 5–8 Stunden bei 25–26 °C stehen lassen.

Schritt/Stufe 2 „Grundsauer“: Anfrischsauer (25 g) mit 100 g Mehl und 70 ml Wasser (28 °C) verrühren. Zugedeckt 15–20 Stunden bei 23–28 °C stehen lassen.

Schritt/Stufe 3 „Vollsauer“: Grundsauer (195 g) mit 300 g Mehl und 300 ml Wasser (30 °C) verrühren. Zugedeckt 3–5 Stunden bei 28–30 °C stehen lassen. Der Vollsauer ist fertig, wenn er sich leicht nach oben wölbt und eine gute Porung (Luftbläschen) zeigt.

Der **Monheimer-Salzsauer** ist ebenfalls eine Einstufenführung, bei der aber eine höhere Dosis Anstellgut (20 Prozent) und noch Salz (2 Prozent) hinzugegeben werden. Vorteile sind neben einem milden Aroma die längere Steh-, bzw. Verarbeitungstoleranz, auch im Kühlschrank aufbewahrt ist er über ein bis zwei Tage einsatzbereit.

Backferment

Hefe und Sauerteig ist den meisten ein Begriff, Backferment ist eher unbekannt. Dabei handelt es sich um eine Art milden Sauerteig und somit ein biologisches Teiglockerungsmittel. Es kann allein, also ohne Zusatz von anderen Triebmitteln wie Hefe oder Sauerteig, verwendet werden. Die Wirkung des Ferments beruht auf einem Gäreffekt, der durch die Mischung von Honig mit Wasser entsteht. Personen mit einem empfindlichen Verdauungssystem vertragen mit Backferment hergestellte Backwaren oft besser als mit Hefe oder Sauerteig gebackenes Brot.

Backferment kommt als pulverförmiges Granulat, welches als Starterkultur wirkt, in den Handel. Wie beim Sauerteig wird ein Grundansatz zubereitet, der eine lange Vorbereitungszeit und Teigführung benötigt. Der Ansatz kann aber auch schon fertig gekauft werden. Neben konventionellem, glutenfreiem Backferment mit Honig gibt es auch vegane Varianten. Zur weiteren Verarbeitung beachten Sie bitte die jeweiligen Herstellerangaben. Es gibt verschiedene Hersteller von Backferment beispielsweise „Sekowa“, „Biovegan“ und „Backnatur“. Beziehen können Sie das Backferment in Reformhäuser, Naturkostläden, Lebensmittelgeschäften und im Internet.

ZUTATEN

Beste Zutaten für schmackhafte Brote sind eine Voraussetzung, damit Ihr Brot so gelingt, wie Sie es sich wünschen. Achten Sie daher beim Einkauf auf Qualität und Frische. Ein weiterer Faktor für erfolgreiches Backen: Lernen Sie die Eigenschaften der Zutaten kennen.

Lockerungsmittel: Backferment, Backpulver, Trockenhefe, Sauerteig und Frischhefe.

LOCKERUNGSMITTEL – IMMER LOCKER BLEIBEN

Ohne Lockerung – kein Brot. Typische Brot-Backtriebmittel sind Hefe, Sauerteig und Backferment. Sie produzieren Gasbläschen (Poren) und machen das Brot damit locker. Backwaren werden bei der Herstellung gelockert. Warum eigentlich? Ungelockerte Brote sind schwer, haben ein kleines Volumen und eine klitschige, unelastische Krume, beim Schneiden kleben sie, beim Kauen bleiben sie knetig-fest und schmecken unangenehm kratzig und wenig aromatisch. Außerdem liegen sie lange Zeit im Magen und sind schwer verdaulich und wenig bekömmlich. Kurz gesagt: Ungelockerte Backwaren sind für den Verzehr nicht geeignet! Deshalb benötigen wir fürs Brotbacken sogenannte Lockerungsmittel.

Hefe

Hefe fermentiert einen Teig sicher unter fast allen Bedingungen. Hefen sind Kleinlebewesen, die zu den niederen Pilzen zählen. Sie haben die Fähigkeit, Zuckerstoffe in Alkohol und Kohlendioxid zu vergären. Dieses Kohlendioxid „lüftet“ den Teig. Hefe lebt! Deshalb braucht sie zunächst einmal Nahrung, und zwar Zucker, Eiweiße und stickstoffhaltige Mineralstoffe. Insgesamt ist daher Brotteig ein idealer Nährboden für Hefen. Da die Hefe Nährstoffe nur in gelöster Form aufnehmen kann, benötigt sie außerdem Wasser. Ein weicherer Teig mit mehr Flüssigkeit kann die Tätigkeit der Hefe fördern. Hefe mag es außerdem recht warm. Ihre Lebenstemperatur liegt zwischen 0 °C und 55 °C, ab 60 °C sterben die Hefezellen ab.
Im Handel ist die Hefe in verschiedenen Formen erhältlich: als Frischhefe und als Trockenhefe.
Frischhefe können Sie in Würfeln zu je 42 g kaufen. Achten Sie dabei immer auf das Frischedatum, sie hält sich nur etwa zwei Wochen. Frische Hefe erkennt man an ihrer grau-gelblichen Farbe und daran, dass sie feucht ist. Angebrochene Frischhefe ist nur wenige Tage verwendbar. Die Außenschicht

trocknet rasch zu einer harten Kruste, die sich nur noch schwer im Teig verteilen lässt und dessen Triebkraft verringert. Frischhefe muss im Kühlschrank gelagert werden, zum Einfrieren eignet sie sich nur bedingt. Tiefgekühlte Hefe verliert mit zunehmender Lagerdauer an Triebkraft, und sie ist nach dem Auftauen fließend-weich und dann nicht mehr lagerfähig. Geben Sie den Hefewürfel nicht in einem Stück zum Teig, sondern zerbröseln Sie ihn vor der Verarbeitung oder lösen Sie die Hefe in Wasser auf, sodass sie sich gut verteilen kann.

Trockenhefe hat sich durch ihre lange Haltbarkeit und die einfache Handhabung für das Backen im Brotbackautomaten bewährt. Ich selbst verwende überwiegend Trockenhefe zum Backen, da die Verarbeitung und Dosierung sehr einfach ist und die lange Haltbarkeit es mir ermöglicht, jederzeit spontan ein Brot zu backen.

Fakten zur Trockenhefe:

- Trockenhefe ist kein chemisches Produkt. Für die Herstellung wird ein Emulgator benötigt (meist E 491, Sorbitanmonostearat), der aber als unbedenklich für die Gesundheit gilt.
- Bio-Trockenhefe enthält keine Emulgatoren oder andere Zusatzstoffe.
- Trockenhefe sollte trocken und vor Nässe geschützt aufbewahrt werden. Geöffnete Tütchen Trockenhefe sollten nur etwa 1 Woche aufbewahrt werden, da die Hefe nicht mehr luftdicht verpackt ist und die Triebwirkung nachlassen könnte. Es ist aber nicht notwendig, das Tütchen im Kühlschrank aufzubewahren.
- Auch wenn Trockenhefe eine lange Haltbarkeit hat – je älter sie ist, umso weniger Triebkraft hat sie.
- Brotteige mit Trockenhefe reifen etwas langsamer als mit frischer Hefe, was aber optimal für die Teigherstellung im Brotbackautomat ist. Bei der Stärke der Triebkraft gibt es keinen Unterschied zwischen frischer Hefe und Trockenhefe.
- Das Umrechnungsverhältnis Trockenhefe zu frischer Hefe beträgt 1:3, also 1 g Trockenhefe entspricht 3 g frische Hefe.
- Trockenhefe wird **nicht** in Wasser aufgelöst.
- Verarbeitung: Streuen Sie die Trockenhefe einfach in den Teig, bzw. mischen Sie sie mit dem Mehl, oder füllen Sie die Trockenhefe in den Hefeverteiler des Brotbackautomaten.
- Trockenhefe hat einen milderen Hefegeschmack als frische Hefe.

TROCKENHEFE ABWIEGEN

Manchmal ist es schwierig, die Markierungen auf dem Messlöffel abzulesen. Um solch kleine Mengen wie 0,5 g abwiegen zu können, benötigen Sie eine Feinwaage oder Löffelwaage.

MEHL

Ohne Mehl – kein Brot. Das vermahlene Getreidekorn ist beim Brotbacken unverzichtbar. Die sogenannten Brotgetreide wie Weizen und Roggen sind dabei die Klassiker, die fast jeder kennt, aber auch die Urformen des Weizens wie beispielsweise Dinkel, Emmer, Einkorn oder die Urformen vom Roggen gewinnen zunehmend an Bedeutung. Mehl ist aber nicht gleich Mehl. Aus minderwertigem Mehl kann man kein

gutes Brot backen, oder anders gesagt, man macht sich das Backen viel schwerer als es ist. Vergleichen Sie die Qualität und die Inhaltsstoffe Ihrer Mehle. Mit einem guten Mehl sind die Backergebnisse im Brotbackautomaten besser.
Aus der Typenzahl eines Mehls können Sie die Eignung und den Verwendungszweck ableiten. Eine niedrige Typenzahl haben helle Mehle aus dem Kern des Mehlkörpers; in diesem Kern sind nur wenige Mineralstoffe enthalten. Eine hohe Typenzahl dagegen haben dunkle Mehle aus den Randschichten des Mehlkörpers. Je höher die Typenzahl ist, desto mehr Vitamine, Mineralstoffe und vor allem mehr Ballaststoffe sind im Mehl enthalten. Vollkornmehl hat keine Typenzahl (zumindest in Deutschland), da es alle Bestandteile des Korns enthält. Benötigen Sie ein Mehl für helles Weißbrot, könnten Sie beispielsweise Weizenmehl der Type 550 einkaufen. Für ein dunkleres, kräftigeres Brot könnten Sie Roggenvollkornmehl oder Roggenmehl der Type 1150 nehmen.
Mahlerzeugnisse aus anderen Getreidearten (Nicht-Brotgetreide) wie Mais, Gerste, Hafer, Reis und Hirse haben ebenfalls keine Typenbezeichnung. Sie haben eine andere Eiweiß-Kleber-Zusammensetzung als die Brotgetreide und sind nur daher nur bedingt in der Lage, eine gute Teigstruktur zu bilden, daher eignen sie sich am besten als Beimischung zu Mischbroten.

WEITERE GETREIDEARTEN, DEREN ENTDECKUNG SICH LOHNT

Sie sehen nicht aus wie Getreide, daher nennt man sie Pseudogetreide oder Pseudocerealien, können aber ähnlich wie Getreide verarbeitet und zum Brotbacken verwendet werden. Diese Sorten eignen sich zum Backen glutenfreier Brote oder als Beimischung zum Brotteig.
Pseudogetreidemehle: Unter Pseudogetreide oder -cerealien versteht man Körnerfrüchte, deren Verwendung ähnlich wie Getreide ist, aber botanisch gesehen nicht zur Familie der Süßgräser (= „echtes Getreide“) gehören. Die Fruchtsamen lassen sich zu Mehl vermahlen. Pseudogetreide wie beispielsweise Buchweizen, Quinoa oder Amaranth sind von Natur aus glutenfrei und daher ein idealer Getreideersatz bei Glutenunverträglichkeit.
Hülsenfruchtmehle: Zur Hülsenfrucht zählen Erbsen, Bohnen, Soja oder Linsen. Die Fruchtsamen reifen meist in mehrsamigen Hülsen (Legumen) heran. Es existieren unzählige Sorten an Hülsenfrüchten, die in allen Variationen frisch, getrocknet, geröstet oder als Mehl im Handel bezogen werden können. Neben der weltbekannten Hülsenfrucht, der Sojabohne, gehört auch die Erdnuss als tropische Hülsenfrucht zu den Leguminosen.
Ölsaatenmehle: Ölsaaten sind pflanzliche Samen wie Leinsamen, Sesam oder Sonnenblumenkerne. Ölsaaten sind sehr fett- und nährstoffreich und werden daher häufig zur Ölgewinnung verarbeitet. Die bei der Ölgewinnung anfallenden entölten Rückstände können zu Mehl verarbeitet werden. In einer Getreidemühle können Ölsaaten nicht gemahlen werden, da sie zu ölig sind. Wenn Sie Ölsaaten zu Hause selbst mahlen möchten, haben sich je nach Saat eine Ölsaatenmühle, Kaffeemühle, Gewürzmühle, Pfeffermühle, Mixer oder Mörser bewährt.

MEHLTYPEN SIND LÄNDERSACHE

In Österreich und der Schweiz werden Mehlsorten anders als in Deutschland eingeteilt.
Die Klassifizierung erfolgt in Österreich hauptsächlich in glatt, universal, griffig und doppelgriffig. Diese Einteilung spiegelt im Wesentlichen die Korngröße wider.
In der Schweiz erfolgt die Unterscheidung über den Ausmahlungsgrad beziehungsweise dem Mineralstoffgehalt. Übliche Bezeichnungen sind hier: Weißmehl Type 400, Halbweißmehl Type 720, Ruchmehl Type 1100 und Vollkornmehl Type 1900.

Nussmehle: Nüsse und Kerne (Hartschalenobst) sind Samen der entsprechenden Pflanzengattung. Der Nährstoff- und Fettgehalt variiert von Sorte zu Sorte. Fein gemahlen eigenen sie sich bestens als Teigzutat und werten damit jedes Brot auf. Wenn Sie das nussige Aroma verstärken möchten, rösten Sie die Samen ohne Fett an, das schmeckt wunderbar. Gängige Nussmehle sind beispielsweise Mandel- oder Kastanienmehl. Hinweis: Nüsse und Kerne sind stark allergen und selbst kleine Mengen reichen aus, starke allergische Reaktionen auszulösen. Verarbeitung und Zubereitungsverfahren haben dabei keinen Einfluss auf die Allergene.
Stärkemehle: Stärkemehle sind aus Pflanzen gewonnen Stärken wie beispielsweise Kartoffelmehl/Kartoffelstärke, Maisstärke, Reisstärke, Pfeilwurzelmehl, Tapiokamehl/Tapiokastärke und Weizenstärke.

BACKMISCHUNGEN

Einige Hersteller und Mühlen bieten fertige Backmischungen für Brot oder Kuchen zum Kauf an. Diese sind einfach zu handhaben und zeitsparend, da das Abwiegen der einzelnen Mehle oder Zutaten entfällt und die meisten Zutaten bereits enthalten sind. Sie müssen nur noch Wasser und Hefe hinzufügen. Mit der Backmischung erhalten Sie ein Rezept bzw. eine Anleitung, die Sie schnell und sicher durch die Zubereitung führt. Kreativität, Individualität, Verträglichkeit und geschmackliche Vorlieben sind hier allerdings stärker eingeschränkt als bei einer selbst hergestellten Mehlmischung. Durch Abwandeln der Backmischungen kann man aber auch diese aufpeppen, indem man z. B. statt Wasser Tomatensaft oder Buttermilch verwendet oder Nüsse, Samen, Körner, Gewürze oder Kräuter hinzufügt.
Wenn es einfach und unkompliziert sein soll, greifen Sie auf Backmischungen zurück, die Sie im Handel kaufen oder im Internet bestellen können. So ersparen Sie sich das genaue Abwiegen der einzelnen Zutaten bei gleichbleibender Qualität. Auch eine Langzeitführung der Teige ist mit Backmischungen möglich. Bio-Backmischungen enthalten meist keine Hefe, so dass Sie die Triebkraft selbst steuern können. Wenn Hefe bereits enthalten ist, können Sie den Brotteig auch über eine lange, kalte Gare steuern.

FLÜSSIGKEIT

Ohne Wasser oder andere Flüssigkeit – kein Brot. Erst durch die Zugabe von ausreichend Wasser/Flüssigkeit wird die Enzymtätigkeit im Teig aktiviert. Flüssigkeitsangaben können immer nur Richtwerte sein, da die Flüssigkeitsaufnahme je nach Mehlsorte, Getreidequalität, Mahlgrad (sehr fein bis grob) und Quellzeit variiert. Zum Brotbacken werden hauptsächlich Trinkwasser aus der Leitung und Milch verwendet, aber auch Frucht- und Gemüsesäfte, Buttermilch, Joghurt, Bier oder Wein sind geeignet.

SALZ

Man kann Brot auch ohne Salz backen. Brot ohne Salz schmeckt für meinen Gaumen etwas fade, aber durch die Gärprozesse im Teig entsteht ein eigenes Aroma. Salz ist einerseits als Würzmittel zu sehen, das den Genusswert erhöht, andererseits verbessert es die backtechnischen Eigenschaften des Teiges. Zu viel Salz schwächt jedoch die Triebkraft des Sauerteigs und der Hefe, sodass der Teig nicht so gut aufgeht. Die Dosierung beträgt daher etwa 2 Prozent Salz (20 g) bezogen auf die Mehlmenge (1 kg Mehl). Ob Sie Meersalz, Steinsalz Jodsalz oder Jodsalz mit Fluorid verwenden, macht keinen Unterschied und hat keinen Einfluss auf die Eigenschaften des Brotteiges im Brotbackautomaten.

GEWÜRZE UND KRÄUTER

Beliebte Brotgewürze sind z. B. Koriander, Kümmel, Anis und Fenchel. Diese sind bereits gemischt und abgepackt als „Brotgewürz" im Handel erhältlich. Für eine bessere Qualität empfehle ich, die Gewürze einzeln und unzerkleinert zu kaufen, denn frisch zerkleinert, gemahlen oder zerstampft geben die Samen und Körner ihre ätherischen Öle ab und entfalten so erst ihr volles Aroma. Zum Zerkleinern der Gewürze eignen sich kleine Gewürzmühlen oder Porzellanmörser, die im Fachhandel erhältlich sind.

Gewürze sollten in dunklen und luftdicht verschlossenen Gefäßen aufbewahrt werden, da sich sonst die Geruchs- und Geschmacksstoffe verflüchtigen. Kaufen Sie Gewürze daher nur in kleinen Mengen, da sich das Aroma bei längerer Lagerung verflüchtigt. Als Richtwert kann man etwa 1 Prozent bezogen auf den Gesamtteig verwenden. Wobei hier eigentlich nicht Prozent, Gramm oder Messerspitze stehen sollte, verlassen Sie sich lieber auf Ihren Geschmack, Ihre Erfahrung und Ihr Gespür.

JEDER IS(S)T ANDERS

Die Erwartungen an unsere Ernährung sind heute um ein Vielfaches höher als zu Zeiten unserer Vorfahren. Essen soll uns nicht nur satt machen, es soll gesund sein, gut riechen, großartig aussehen und schmecken, lange haltbar, schnell zubereitet und bezahlbar sein.

Vom Jäger und Sammler zu ernährungsbedingten Erkrankungen

Früher war das anders, denn das Angebot war wesentlich eingeschränkter. Ab dem 18. Jahrhundert wuchs die Bevölkerung im Verlauf der Industrialisierung stark an. Dadurch wurden die Ressourcen knapp, Hunger breitete sich aus. Der Anbau robuster Getreidesorten wurde vorangetrieben – neue technologische Entwicklungen veränderten die Nahrungsmittelproduktion im 19. Jahrhundert. Die erste Hälfte des 20. Jahrhunderts war geprägt von zwei Weltkriegen, Lebensmittelknappheit und Hungersnöten.
Heute ist es nicht der Mangel an Nahrung, sondern die Art der Ernährung, die viele Zivilisationskrankheiten verursacht. Die Vielfalt der Produkte bringt uns zwar

viel Freude und Genuss, aber wir müssen auch lernen, mit diesem Überfluss umzugehen. Ratschläge und Empfehlungen gibt es viele, aber letztlich entscheidet jeder für sich selbst, was er is(s)t. Bei einem selbstgebackenen Brot kann man die Zutaten selbst auswählen und somit selbst entscheiden, was drin ist. Zutaten, die eine allergische Reaktion auslösen, können meist durch andere, nicht allergene Zutaten ersetzt werden.

TAUSCHBÖRSE

Hier finden Sie praktische Tipps, welche Zutaten Sie wodurch ersetzen können.

Eier ersetzen

Folgende Zutaten ersetzen jeweils 1 Bio-Ei:

- 1 EL gemahlene Leinsamen mit 3 EL Mineralwasser vermischt und ausgequollen
- 1 EL gemahlene Chiasamen mit 3 EL Mineralwasser vermischt und ausgequollen
- 1 EL Sojamehl mit 2 EL Mineralwasser vermischt
- 2 EL Maisstärke mit 3 EL Mineralwasser vermischt
- 3 EL Pfleilwurzelstärke mit 1 EL Mineralwasser vermischt
- 3 EL Apfelmus oder eine halbe Banane, zerdrückt
- Ei-Ersatzpulver gibt es zu kaufen. Das fertige Bindemittel besteht hauptsächlich aus Maisstärke und Lupinenmehl und wird mit Wasser gemischt, hierbei die Herstellerangaben berücksichtigen.

Reisdrink, Mandeldrink, Sojadrink und andere Getreide- und Nussdrinkvarianten können Sie ganz leicht selber herstellen: Getreide bzw. Nüsse im Verhältnis 1:6 mit Wasser mischen und über Nacht quellen lassen oder kurz aufkochen lassen. Anschließend fein pürieren, durch ein Tuch sieben, die Flüssigkeit in sterile Gläser oder Flaschen abfüllen und kaltstellen. Noch schneller geht es mit fertigem Nussmus.

Milch ersetzen

Milch lässt sich mittlerweile problemlos ersetzen, sowohl bei Laktoseintoleranz als auch veganer Ernährung gibt es geeignete Produkte:

- Laktosefreie Milch und Milchprodukte (nicht vegan)
- Pflanzliche Alternativen wie Sojadrink, Reisdrink, Mandeldrink, Kokosdrink, Sojajoghurt oder Sojaquark

Flüssigkeiten mit gleicher Konsistenz ersetzen

Tauschen Sie jeweils gegeneinander aus:

- Wasser, Kaffee, Tee, Gemüse-/Frucht-Säfte, Milch, Milchdrinks, Bier oder Wein.
- Buttermilch, Sahne oder Kefir
- Schmand, Quark, griechischer Joghurt, Saure Sahne oder Mascarpone

Butter ersetzen

Verwenden Sie:

- Quark oder Frischkäse
- Joghurt und Grieß
- Kokosfett, mildes Kokosöl oder Speiseöl
- Margarine

Zucker ersetzen

Verwenden Sie

- Honig, Ahornsirup oder Dicksäfte
- Reissirup, Vollrohrzucker oder Kokosblütenzucker
- Stevia, Xylit oder Traubenzucker
- Trockenfrüchte wie Datteln, Feigen oder Rosinen als natürliches Süßungsmittel

Nüsse ersetzen

Verwenden Sie:

- Mandeln oder andere Nussarten, Erdmandeln (Tigernuss)
- Aprikosenkerne
- Kokosraspeln
- Geröstete Kürbiskerne, Sonnenblumenkerne, Sesam, Quinoa oder Amaranth
- Haferflocken, in etwas Butter geröstet

Rosinen ersetzen

Verwenden Sie:

- getrocknete Cranberrys oder Sauerkirschen
- klein geschnittene Aprikosen, Pflaumen, Datteln, Feigen

Praktische Tipps zum Austauschen von Mehlen

- Weizenmehl Type 550 können Sie problemlos gegen Weizenmehl Type 1050 oder Weizenvollkornmehl austauschen. Das Ganze funktioniert auch bei Dinkel, Roggen etc., aber nur mit den gleichen Getreidesorten. Je höher die Typenzahl ist, umso mehr Wasser muss in den Teig gegeben werden, sollten Sie also unbedingt beachten.
- Weizen gegen Dinkel tauschen, das geht nicht einfach 1:1. Verwenden Sie bei Dinkelmehl mehr Wasser. Dieses Wasser sollte aber in gebundener Form in den Teig kommen, beispielsweise durch ein Brühstück, Quellstück, Kochstück, Flohsamenschalen, Leinsamen oder Kartoffeln. Dinkelteige werden auch kürzer geknetet, daher ist auch ein Brotbackautomat mit Dinkelprogramm sinnvoll.
- Bis zu 20 Prozent der Gesamtmehlmenge können Sie durch andere Mehle oder Nicht-Getreidemehle ersetzt werden. Pseudogetreide wie Buchweizen; Hülsenfruchtmehle wie Sojamehl; Ölsamenmehle, Nussmehle, Stärkemehl. Die Wassermenge muss dann aber entsprechend angepasst werden.

NÜSSE UND SAATEN AUSTAUSCHEN

Sie können jede Saatsorte und Nussart beliebig austauschen, beachten Sie dabei jedoch ihre Quellfähigkeit. Nüsse nehmen beispielsweise weniger Wasser auf als Leinsamen. Die jeweilige Flüssigkeitsmenge würde dem Teig entzogen, wenn Sie diese nicht mit einrechnen und zusätzlich hinzufügen.

- Nüsse, Sonnenblumenkerne, Kürbiskerne, Sesam nehmen die Hälfte ihres Eigengewichts an Flüssigkeit auf.
- Schrot, Grieß und Flocken nehmen die einfache Menge ihres Gewichts an Flüssigkeit auf.
- Gemahlenes Restebrot, Paniermehl, Leinsamen und Kleie benötigen die zweifache Menge ihres Gewichts an Flüssigkeit.

HALTBARKEIT UND LAGERUNG VON BROTEN

Brot hält sich in Brotkästen länger frisch.

Brot altert, weil es schnell Wasser verliert und dadurch trocken wird. Bei der Alterung von Brot spielen jedoch nicht nur die Wasserverdunstung, sondern auch verschiedene biochemische und physikalische Prozesse eine Rolle. Altbackenes Brot zeichnet sich zunächst durch eine weiche Kruste aus und wird mit der Zeit härter. Außerdem nehmen Geruch und Geschmack des Brotes ab.

VERLÄNGERUNG DER HALTBARKEIT

Der schnellen Alterung von Brot können Sie bereits bei der Teigbereitung vorbeugen. Mit einem Vorteig und einer langen Teigführung haben Sie bereits die besten Voraussetzungen für eine längere Haltbarkeit geschaffen. Auch die Wahl der Mehlsorten und des Ausmahlungsgrades hat einen wesentlichen Einfluss auf die Haltbarkeit des Brotes. Dunklere Mehle oder Schrote verbessern die Quellfähigkeit im Teig. Sie sorgen damit für eine bessere Verkleisterung der Stärke und gleichzeitig für eine längere Frischhaltung. Auch durch Zusätze wie Essig, Sauermilch, Fette, Ölsaaten, Ballaststoffe, Flohsamenschalen, Bindemittel, Zucchini, Karotten, Kartoffeln oder Restbrot kann die Stärkeverkleisterung verbessert werden. Denn gut verkleisterte Stärke hält die Brotkrume länger feucht.

Die Zugabe von Restbrot zum Teig verbessert nicht nur die Haltbarkeit, sondern verleiht dem Brot auch ein intensiveres Aroma. Verwenden Sie jedoch nur einwandfreies, getrocknetes Restbrot (egal welcher Sorte): Getrocknetes Brot fein mahlen oder reiben und 2 bis 5 Stunden in warmem Wasser einweichen. Bis zu 5 Prozent der Gesamtmehlmenge dürfen aus Restbrot bestehen.

Die Haltbarkeit ist die Zeitspanne, in der die Backwaren bei angemessenen Aufbewahrungsbedingungen ihre spezifischen Eigenschaften behalten. Sie lässt sich durch die Rezeptur des Brotteigs und durch optimale Lagerbedingungen verlängern.

Die richtige Lagerung von Brot

Die Art und Weise, wie Sie Ihr Brot lagern, hat ebenfalls einen Einfluss auf die Haltbarkeit. Brot sollte kühl und sauber gelagert werden. Da es schnell Fremdgerüche annimmt, sollte es von anderen Lebensmitteln getrennt aufbewahrt werden. Bewährt haben sich Brotbehälter aus Keramik oder Holz sowie Leinen- oder Papiertaschen. Achten Sie darauf, dass das Brot noch „atmen" kann und nicht von der Luftzirkulation abgeschlossen wird. Plastiktüten und -behälter sind nicht oder nur kurzfristig zur Aufbewahrung von Brot geeignet, da sie das Brot schnell schimmeln lassen. Schneiden Sie nur so viele Brotscheiben ab, wie Sie essen können: Angeschnittenes Brot verdirbt und schimmelt schneller, da Luft und Schimmelkeime leichter zwischen die Brotscheiben gelangen können. Angeschnittenes Brot am besten auf die Schnittfläche legen, damit es nicht austrocknet. Wenn Sie Ihr Brot nicht innerhalb weniger Tage verbrauchen, schneiden Sie es nach dem Abkühlen in Scheiben und frieren Sie es portionsweise ein. So haben Sie immer leckeres, selbstgebackenes Brot auf Vorrat.

Brotschimmel ist – im Gegensatz zum Schimmel einiger Käsespezialitäten – ungenießbar. Wenn Sie weiße, gelbe, blaue oder grüne Schimmelrasen auf dem Brot sehen, ist das Brot verdorben. Schimmelpilze wachsen in schlauchförmigen Pilzfäden in das Brot hinein. Dort verzweigen sie sich und bilden ein Pilzgeflecht (Myzel), das mit bloßem Auge nicht zu erkennen ist. Deshalb ist es ratsam, das ganze Brot wegzuwerfen. Um Schimmelbildung vorzubeugen, reinigen Sie Ihren Brotbehälter regelmäßig mit Essig – völlig lebensmittelecht und ohne Haushaltschemikalien.

EINFRIEREN

Da Brot schnell austrocknet, kann man es einfrieren und so über längere Zeit aufbewahren. Tiefgefrorenes Brot ist ein bis drei Monate haltbar. Vor dem Einfrieren sollten Sie das Brot gut abkühlen lassen. Lassen Sie das Brot bei Zimmertemperatur auftauen oder backen Sie es im vorgeheizten Backofen 10–15 Minuten bei 200 °C auf, damit es außen knusprig wird und innen feucht bleibt. Zum leichteren Portionieren kann das Brot auch in Scheiben geschnitten in Gefrierbeuteln eingefroren werden. Damit die Brotscheiben nicht zusammenkleben, legen Sie Frischhaltefolie zwischen die Scheiben. Alternativ können Sie die gefrorenen Brotscheiben auch direkt im Toaster auftauen – so verliert das Brot kein Wasser und Sie erhalten eine saftige Brotscheibe, die nicht krümelt.

TIPP

Altes, hartes, trockenes, aber einwandfreies Brot können Sie nicht nur als Zusatz für den nächsten Brotteig verwenden, sondern auch für Suppen, Aufläufe oder Knödel oder zu angerösteten Brotwürfeln (Croûtons) für Salate oder zu Paniermehl verarbeiten.

BROT-BACK-PANNEN

WAS TUN, WENN …

… das Brot zu sauer ist?

Mögliche Ursachen:

- Das Anstellgut vom Sauerteig war zu alt. **Abhilfe: Verwenden Sie möglichst frisches Anstellgut oder führen Sie einige Hefeführungen durch, damit der Sauerteig milder wird.**
- Die Reifezeit des Vorteiges war zu lange. **Abhilfe: Verkürzen Sie die Ruhezeiten.**

… das Brot nicht oder nur schlecht aufgeht?

Mögliche Ursachen:

- Brote mit Vollkornmehl gehen oft nicht so stark auf wie Brote mit hellem Mehl mit niedriger Typenzahl, das ist normal.
- Ihr Brot geht gar nicht auf: Vielleicht haben Sie vergessen, Triebmittel hinzuzugeben. **Abhilfe: Triebmittel zugeben.**
- Das Brot hatte eine zu kurze Reifezeit. **Abhilfe: Die Reifezeit verlängern.**

TIPP

Sollten Sie beobachten, dass der Teig zu stark aufgeht und droht, über die Backform zu quellen, drücken Sie die Stopp-Taste des Automaten und kneten den Teig mit den Händen etwas zusammen. Anschließend schalten Sie das Programm „Backen“ manuell ein.

… das Brot in sich zusammenfällt?

Mögliche Ursachen:

- Sie sind gegen den Automaten gestoßen oder der Brotbackautomat stand im Durchzug. **Abhilfe: Das Gerät an einem sicheren Ort ohne Zugluft aufstellen.**
- Die Hefe- bzw. Triebmittelmenge war zu groß. Das Brot geht so zu stark auf, stößt an den Deckel und fällt dann zusammen. **Abhilfe: Reduzieren Sie die Hefe- bzw. Triebmittelmenge.**
- Die Teigtemperatur war zu hoch oder die Ruhezeit zu lange. Dadurch quillt der Teig über den Backformrand und fällt dann in sich zusammen. **Abhilfe: Halten Sie die Teigtemperatur ein und verkürzen Sie die Ruhezeit.**
- Es war zu viel Flüssigkeit im Teig. Das Brot ist dann innen klitschig und fällt in sich zusammen. **Abhilfe: Reduzieren Sie die Flüssigkeitsmenge.** (edenken Sie bei der Flüssigkeitszufuhr, dass auch Käse, Eier, Milchprodukte oder Gemüse etwas Flüssigkeit abgeben.)
- Das Brot war länger als empfohlen in der Backform. Dabei nimmt es Feuchtigkeit auf und kann in sich zusammenfallen. **Abhilfe: Brot direkt nach dem Backen aus der Backform nehmen.**
- Mehlsorte oder Mahlgrad waren nicht für das Rezept geeignet. **Abhilfe: Nehmen Sie eine andere Mehlsorte oder überprüfen Sie die Zusammensetzung der Mehlmischung.**

- Die Außentemperatur war zu warm oder die Luftfeuchtigkeit zu hoch. Dadurch ist der Teig vielleicht zu schnell aufgegangen. **Abhilfe: Verwenden Sie kühlere Flüssigkeit und reduzieren Sie die Flüssigkeitsmenge, um diesen Prozess zu verlangsamen.**

... das Brot zu stark aufgeht?

Mögliche Ursachen:

- Die Mehlmenge oder andere Zutaten wie Hefe waren überdosiert. **Abhilfe: Überprüfen Sie die Mengenangaben.**
- Sie haben vergessen, das Salz hinzuzufügen. Da Salz die Hefetätigkeit hemmt, kommt es zu wilder Gärung. **Abhilfe: Überprüfen bzw. erhöhen Sie die Salzzugabe.**

... das Brot zu feucht ist?

Mögliche Ursachen:

- Das Brot ist nicht ganz durchgebacken. **Abhilfe: Überprüfen Sie, ob es einen Stromausfall gegeben hat, ob Sie das richtige Backprogramm verwendet haben, ob der Gerätedeckel richtig geschlossen war und ob der Knethaken richtig aufgesteckt war.**
- Das Brot war nach dem Backen zu lange im Brotbackautomaten. So entwickelt sich Kondenswasser und dieses macht das Brot feucht. **Abhilfe: Entfernen Sie das Brot direkt nach der Fertigstellung aus der Backform und lassen Sie es auf einem Kuchengitter abkühlen.**
- Die Flüssigkeitsmenge war zu hoch. **Abhilfe: Reduzieren Sie die Flüssigkeitsmenge oder die Menge feuchter Zutaten wie Früchte, Apfelmus oder Joghurt**.
- Das Brot wurde unmittelbar nach dem Backen angeschnitten und ist deshalb noch sehr feucht. **Abhilfe: Lassen Sie das Brot erst abkühlen, bevor Sie es anschneiden.**

... das Brot oder die Krume zu trocken ist oder stark krümelt?

Mögliche Ursachen:

- Die Flüssigkeitsmenge war zu gering. (Das merken Sie mit ein bisschen Erfahrung schon beim Teigkneten bzw. -rühren.) **Abhilfe: Erhöhen Sie die Flüssigkeitsmenge. Erhöhen sie den Anteil an feuchten Zutaten wie geraspelte Zucchini, Karotte oder Apfelmus.**
- Die Backzeit war zu lange. **Abhilfe: Verringern Sie die Backzeit.**
- Das Brot ist schon älter. Nach einer gewissen Zeit wird das Brot altbacken, weil es Wasser verliert und austrocknet. **Abhilfe: Toasten Sie die Brotscheiben oder trocknen Sie sie und verwenden sie als Restbrot im nächsten Brotteig.**

... das Brot einen strengen oder unangenehmen Geruch hat?

Mögliche Ursachen:

- Die Hefemenge war zu hoch. **Abhilfe: Überprüfen Sie die Hefemenge.**
- Nicht alle Zutaten waren frisch. **Abhilfe: Verwenden Sie stets nur frische Zutaten**.

... das Brot zu hart ist?

Mögliche Ursachen:

- Sie haben zum ersten Mal ein Brot mit Körner oder Nüsse gebacken. Diese Brote sind vom Biss her immer etwas härter, das ist ganz normal.

- Die Sauerteig-/Hefemenge war zu gering, das Brot konnte nicht genügend aufgehen. **Abhilfe: Überprüfen Sie die Sauerteig-/Hefemenge und erhöhen Sie diese gegebenenfalls.**
- Der Vorteig, Sauerteig war noch nicht reif. So hatte er noch nicht genügend Kraft, den Teig aufzulockern. **Abhilfe: Lassen Sie dem Sauerteig/Vorteig genügend Zeit zum Reifen.**
- Das zugesetzte Wasser war zu warm oder zu kalt und hat die Hefetätigkeit gehemmt. **Abhilfe: Überprüfen Sie die Wassertemperatur.**

… es aus dem Lüftungsschlitz verbrannt riecht oder Dampf austritt?

Mögliche Ursachen:

- Mehl oder andere Zutaten sind auf das Heizelement gefallen oder kleben an der Außenseite der Backform. **Abhilfe: Ziehen Sie den Netzstecker und entfernen Sie die Reste, nachdem der Automat abgekühlt ist.**

… das Brot sich nicht aus der Backform lösen lässt?

Mögliche Ursachen:

- Sie haben schon sehr häufig Ihren Brotbackautomaten verwendet und die Antihaftbeschichtung ging durch Reinigung bereits zum Teil verloren. **Abhilfe: Pinseln Sie die Innenseite der Backform mit etwas Pflanzenöl ein oder kaufen Sie sich eine neue Backform (Ersatzteil).**

… sich am Brotrand oder an der Oberfläche noch Mehlreste befinden?

Mögliche Ursachen:

- Der Knethaken war nicht korrekt aufgesetzt, dann kann der Teig nicht richtig gemischt werden. **Abhilfe: Überprüfen Sie den Knethaken.**
- Das Mehl wurde beim Kneten an den Seiten nicht richtig untergearbeitet. **Abhilfe: Nehmen Sie einen Teigschaber und kratzen Sie das Restmehl in den Ecken der Backform zusammen.**

BROTBACKAUTOMATEN-REZEPTE – ENTSCHLEUNIGUNGSBROTE

Das Backergebnis hängt von verschiedenen Faktoren ab: Wetter, Jahreszeit, Ausmahlungsgrad und Qualität des Getreides sowie Beschaffenheit der Zutaten und der Flüssigkeitsmenge. Jedes Mehl hat seine besonderen Eigenschaften, die bei der Teigführung, der Programmwahl, der Knetzeit, der Ruhe- bzw. Quellzeit und der Backzeit berücksichtigt werden müssen. Die Rezeptangaben sind daher als Richtwerte zu verstehen, die gegebenenfalls angepasst werden müssen. Gerade zu Beginn des Backens mit dem Brotbackautomaten ist ein vorsichtiges Herantasten sehr ratsam. Aber auch wenn ein Rezept einmal nicht auf Anhieb gelingen sollte, das Wichtigste ist, mit Freude weiter zu probieren, bis es passt, dann steht dem Brotgenuss nichts mehr im Wege.

MENGENANGABEN UND INFORMATIONEN ZU DEN REZEPTEN

Messlöffel: Ich messe die Zutaten mit dem beiliegenden Messlöffel des Brotbackautomaten ab in TL- und EL- Einheiten. Beachten Sie hierbei die Markierungen Ihres Messlöffels.

Salz: 2 TL entsprechen etwa 10 g. Im Durchschnitt rechnet man 2 Prozent Salzanteil, also 10 g auf 500 g Mehl. Je nach Geschmack können Sie die Salzmenge anpassen.

Zucker: 2 TL entsprechen etwa 10 g.

Honig: Je nach Honigsorte erhält man einen anderen Geschmack. Probieren Sie aus, was Ihnen am besten schmeckt. Pflanzliche Alternativen wie beispielsweise Agavendicksaft können Sie jederzeit gegen Honig austauschen.

Hefe: Ich benutze in den Rezepten Trockenhefe. Diese können Sie auch durch frische Hefe ersetzen (siehe Kasten oben „Trockenhefe in Frischhefe umrechnen“). Zum Abwiegen von Minimengen wie 0,5 g Trockenhefe (⅛ TL) empfehle ich Ihnen, eine Feinwaage oder Löffelwaage zu benutzen.
0,5 g Trockenhefe = ca. ⅛ TL
0,75 g Trockenhefe = ca. ¼ TL

TROCKENHEFE IN FRISCHHEFE UMRECHNEN

Trockenhefe x 3 = Frischhefe,
Beispiel: 1 g Trockenhefe = 3 g frische Hefe

¼ TL Trockenhefe (ca. 0,75 g) = 2,25 g frische Hefe

½ TL Trockenhefe (ca. 1,5 g) = 4,5 g frische Hefe

¾ TL Trockenhefe (ca. 2,25 g) = 6,75 g frische Hefe

1 TL Trockenhefe (ca. 3 g) = 9 g frische Hefe

2½ TL Trockenhefe (1 Pkg., 7 g) = 21 g (½ Würfel) frische Hefe

1,5 g Trockenhefe = ca. ½ TL
2,25 g Trockenhefe = ca. ¾ TL
3,0 g Trockenhefe = ca. 1 TL

Sauerteig: Bei den Rezepten arbeite ich mit einem selbst hergestellten Roggen- oder WeizenSauerteig und mit gekauftem TrockenSauerteig bzw. flüssigem Sauerteig verschiedener Hersteller in Kombination mit Hefe. Bitte lesen und beachten Sie bei fertig gekauftem Sauerteig immer die Herstellerangaben.

Backferment: Ich habe Produkte der Firmen Sekowa und BackNatur benutzt. Hier bitte die jeweiligen Herstellerangaben beachten.

Teig: Beobachten Sie den Teig genau: Fehlt noch etwas Flüssigkeit oder haben Sie eine Zutat vergessen? Da jeder Automat etwas anders arbeitet und die Mehle sich oft in Qualität und Ausmahlungsgrad unterscheiden, sind manchmal kleine Nacharbeiten erforderlich. Kratzen Sie das Restmehl beim ersten Knetgang mit einem Teigschaber in den Ecken der Backform zusammen und sorgen dafür, dass alles gut verrührt wird.

Brotgewicht/Brotgröße: Je nach gewünschter Brotgröße und Kapazität Ihres Brotbackautomaten können Sie alle Rezepte halbieren oder verdoppeln.

Fertiges Brot: Alle Brotsorten eignen sich hervorragend zum Toasten, was immer ein besonderer Genuss ist.

Restbrot: Lassen Sie Ihr übriggebliebenes Brot trocknen und zerkleinern (mahlen) es dann zu feinen Krümeln. Weichen Sie diese als Zugabe für den neuen Teig mindestens 2–5 Stunden in warmem Wasser ein und ersetzen Sie anschließend bis zu 5 Prozent der Gesamtmehlmenge Ihres neuen Teiges durch die Restbrotmasse. Restbrot verlängert die Haltbarkeit und verleiht dem neuen Brot einen interessanten Geschmack. Wenn Sie das getrocknete Brot vor dem Mahlen im Ofen oder in der Pfanne anrösten, verstärkt sich das Aroma. Sollten Sie kein Restbrot übrighaben, können Sie auch Knäckebrot oder Zwieback fein mahlen oder Semmelbrösel verwenden.

ABKÜRZUNGEN

g = Gramm
ml = Milliliter
TL = Teelöffel vom Messlöffel
EL = Esslöffel vom Messlöffel
Pkg. = Päckchen

GEBRAUCHSANWEISUNG FÜR BROTREZEPTE MIT WENIG HEFE

Da bei allen Rezepten die Hefe auf einen sehr kleinen Anteil reduziert wurde, verlängert sich die Ruhezeit des Teiges oder es wird ein Vorteig hergestellt.

Planung ist alles: Die Ruhe- und Reifezeit des Vorteiges oder Teiges müssen Sie einplanen. Für ein optimales Ergebnis ist eine Zeitplanung nötig. Daher lesen Sie das Rezept vollständig durch, bevor Sie mit dem Backen beginnen.

Programmauswahl: Sie brauchen oft mehr Zeit, als die meisten vorgegebenen Programme bieten. Hat Ihr Brotbackautomat aber ein Programm das

4,5 oder 6 Stunden läuft, ist dieses eine perfekte Wahl für das vollautomatische Backen. Bezeichnungen für diese Programme sind meist „Vollkorn“, „Französisch“ oder „Sauerteigbrot“. Verfügt Ihr Automat nicht über diese **„Langzeitprogramme“**, nutzen Sie in diesem Fall das **„Eigenprogramm“** oder das **Programm „Teig“** und danach das **Programm „Nur Backen“**. Lassen Sie den Brotteig kneten und brechen Sie dann das Programm mit der Stopptaste ab. Danach können Sie die Reifezeiten selbst bestimmen, um bei idealer Reife mit dem Programm „Backen“ das Brot fertig zu backen. Auch die **„Timer-Funktion“** eignet sich, um ein zeitversetztes Backen zu starten. Prüfen Sie bei Ihrem Brotbackautomaten-Modell, welche Variante für Sie die praktikabelste ist. Siehe auch: „Wie funktioniert Langzeitführung im Brotbackautomat?“, **Seite 19.**

Temperatur: Bei einer langen Teigführung nimmt die Raum- oder Kühlschranktemperatur großen Einfluss auf die Reifezeit des Teiges. Die Rezepte gehen von einer Raumtemperatur von 18–20 °C aus. Bei einer Reifezeit im Kühlschrank ist es essenziell, dass die Temperatur nicht unten 5 °C sinkt. Daher messen Sie wenn möglich die Kühlschranktemperatur (optimal sind 5–6 °C) mit einem externen Thermometer.

Teige bedecken: Sollten Sie den Teig außerhalb des Brotbackautomaten zum Ruhen oder Reifen aufbewahren, müssen Sie die Teigoberfläche abdecken. Ohne Abdecken wird die Teighaut trocken. Zum luftdichten Abdecken eignen sich Gefrierbeutel, Frischhaltefolie, spezielle Hauben, ein Deckel oder eine große Schüssel.

Teig-Garzustand: Wie schnell ein Teig reift hängt von der Raum- und Teigtemperatur ab. Bei Abweichungen der Raumtemperatur verändern sich die Garzeiten. Den richtigen Reifegrad festzustellen, ist daher nicht so einfach und setzt leider etwas Erfahrung voraus. Mit dem sogenannten **Fingertest** lässt sich der Garzustand überprüfen. Hierzu drückt man mit einem Finger sanft, aber entschieden eine Delle in die Teigoberfläche. Füllt sich die Delle langsam wieder auf, ist der Teig reif zum Backen. Bleibt die Delle im Teig, ist der Teig bereits überreif und wird beim Backen zusammenfallen.

REZEPTE FÜR BROTE MIT WENIG HEFE

ALL-IN-BROTE

Die lässigste Art für aromatische und „gesunde“ Brote aus dem Brotbackautomaten mit wenig Hefe zu zaubern. Mit einem langen Programm von 4, 5, 6 Stunden, läuft alles wie gewohnt vollautomatisch ab. Einfach alle Zutaten in die Backform geben, passendes Programm auswählen und genießen.

Proteinbrot

Programme: „Langzeitprogramm“ mit einer Gesamtlaufzeit von 4–5 Stunden

Ergibt ein Brot von ca. 950 g

350 g Dinkelvollkornmehl
150 g Buchweizenmehl
½ TL (1,5 g) Trockenhefe
10 g (2 TL) Salz
40 g (4 EL) Hanfsamen
300 g Naturjoghurt
ca. 125 ml Wasser, kühl

ZUBEREITUNG:
Alle Zutaten in die Backform füllen und ein automatisches Programm mit einer Gesamtlaufzeit von 4–5 Stunden starten. Nach etwa 10 Minuten das Restmehl mit einem Teigschaber aus den Ecken der Form zusammenkratzen, damit alles gut vermischt wird. Nach Programmende das Brot aus der Backform stürzen und auf einem Kuchengitter vollständig abkühlen lassen.

Dinkelbrot

Programme: „Langzeitprogramm“ mit einer Gesamtlaufzeit von 4–5 Stunden oder spezielles „Dinkelprogramm“

Ergibt ein Brot von ca. 750 g

250 g Dinkelmehl Type 630
200 g Dinkelvollkornmehl
½ TL (1,5 g) Trockenhefe
10 g (2 TL) Salz
10 g flüssiger Honig
5 g (1 TL) Zitronensaft
10 g (1 EL) Olivenöl
ca. 300 ml Wasser, kühl

ZUBEREITUNG:
Alle Zutaten in die Backform füllen und ein automatisches Programm mit einer Gesamtlaufzeit von 4–5 Stunden starten. Nach etwa 10 Minuten das Restmehl mit einem Teigschaber aus den Ecken der Form zusammenkratzen, damit alles gut vermischt wird. Nach Programmende das Brot aus der Backform stürzen und auf einem Kuchengitter vollständig abkühlen lassen.

Weizenvollkornbrot

Programme: „Langzeitprogramm“ mit einer Gesamtlaufzeit von 5–6 Stunden

Ergibt ein Brot von ca. 850 g

450 g Weizenvollkornmehl
50 g Weizenmehl Type 1050
½ TL (1,5 g) Trockenhefe
10 g (2 TL) Salz
5 g (1 TL) flüssiger Honig oder Birnendicksaft
20 g (2 EL) Speiseöl
10 g (1 EL) Balsamicoessig
ca. 310 ml Wasser, kühl

ZUBEREITUNG:

Alle Zutaten in die Backform füllen und ein automatisches Programm mit einer Gesamtlaufzeit von 5–6 Stunden starten. Nach etwa 10 Minuten das Restmehl mit einem Teigschaber aus den Ecken der Form zusammenkratzen, damit alles gut vermischt wird. Nach Programmende das Brot aus der Backform stürzen und auf einem Kuchengitter vollständig abkühlen lassen.

TIPP

Teige mit Dinkelmehl nicht so lange kneten, sie neigen schneller zum Überkneten als Teige aus Weizenmehl. Optimal ist ein spezielles Dinkelprogramm, bei diesem Rezept sind die Parameter auf das „Schwabenkorn“ schon perfekt eingestellt.

Weizen-Vollkornbrot

Einfaches Weißbrot

Programme: „Langzeitprogramm“ mit einer Gesamtlaufzeit von 4–5 Stunden oder spezielles „Weißbrotprogramm“

Ergibt ein Brot von ca. 800 g

500 g Weizenmehl Type 550
½ TL (1,5 g) Trockenhefe
10 g (2 TL) Salz
ca. 310 ml Wasser, kühl
10 g (1 EL) Olivenöl

ZUBEREITUNG:
Alle Zutaten in die Backform füllen und ein automatisches Programm mit einer Gesamtlaufzeit von 4–5 Stunden starten. Nach etwa 10 Minuten das Restmehl mit einem Teigschaber aus den Ecken der Form zusammenkratzen, damit alles gut vermischt wird. Nach Programmende das Brot aus der Backform stürzen und auf einem Kuchengitter vollständig abkühlen lassen.

Graubrot

Programme: „Langzeitprogramm“ mit einer Gesamtlaufzeit von 4–5 Stunden

Ergibt ein Brot von ca. 800 g

430 g Weizenmehl Type 1050
50 g Roggenmehl Type 1150
½ TL (1,5 g) Trockenhefe
10 g (2 TL) Salz
ca. 320 ml Wasser, kühl

ZUBEREITUNG:
Alle Zutaten in die Backform füllen und ein automatisches Programm mit einer Gesamtlaufzeit von 4–5 Stunden starten. Nach etwa 10 Minuten das Restmehl mit einem Teigschaber aus den Ecken der Form zusammenkratzen, damit alles gut vermischt wird. Nach Programmende das Brot aus der Backform stürzen und auf einem Kuchengitter vollständig abkühlen lassen.

Graubrot

Joghurtkasten

Programme: „Langzeitprogramm" mit einer Gesamtlaufzeit von 4–5 Stunden

Ergibt ein Brot von ca. 850 g

250 g Weizenmehl Type 1050
200 g Weizenmehl Type 550
50 g Roggenmehl Type 1150
½ TL (1,5 g) Trockenhefe
12 g (1 EL) Salz
5 g (1 TL) Rohrohrzucker
ca. 220 ml Wasser, lauwarm
150 g Naturjoghurt (3,5 % Fett)
40 g Kürbiskerne

ZUBEREITUNG:
Alle Zutaten in die Backform füllen und ein automatisches Programm mit einer Gesamtlaufzeit von 4–5 Stunden starten. Nach etwa 10 Minuten das Restmehl mit einem Teigschaber aus den Ecken der Form zusammenkratzen, damit alles gut vermischt wird. Nach Programmende das Brot aus der Backform stürzen und auf einem Kuchengitter vollständig abkühlen lassen.

Sandwichbrot

Programme: „Langzeitprogramm" mit einer Gesamtlaufzeit von 4–5 Stunden

Ergibt ein Brot von ca. 850 g

300 g Weizenmehl Type 1050
200 g Weizenvollkornmehl
½ TL (1,5 g) Trockenhefe
30 g Butter, kühl, in kleine Würfel geschnitten
10 g (2 TL) Salz
10 g (2 TL) Zucker
30 ml (3 EL) Sahne
ca. 300 ml Wasser, kühl

ZUBEREITUNG:
Alle Zutaten in die Backform füllen und ein automatisches Programm mit einer Gesamtlaufzeit von 4–5 Stunden starten. Nach etwa 10 Minuten das Restmehl mit einem Teigschaber aus den Ecken der Form zusammenkratzen, damit alles gut vermischt wird. Nach Programmende das Brot aus der Backform stürzen und auf einem Kuchengitter vollständig abkühlen lassen.

TIPP
Dieses Brot kommt dem Toastbrot sehr nahe, daher sollten Sie es unbedingt einmal getoastet probieren.

Joghurtkasten

Landbrot

Programme: „Langzeitprogramm“ mit einer Gesamtlaufzeit von 4–5 Stunden

Ergibt ein Brot von ca. 850 g

400 g Weizenmehl Type 1050
100 g Roggenmehl Type 1150
½ TL (1,5 g) Trockenhefe
10 g (2 TL) Salz
5 g (1 TL) Rohrohrzucker
30 g gekaufter, flüssiger Sauerteig oder eigener Sauerteig aus dem Kühlschrank
100 g Vollmilch (3,5 % Fett), Raumtemperatur
ca. 220 ml Wasser, kühl

ZUBEREITUNG:
Alle Zutaten in die Backform füllen und ein automatisches Programm mit einer Gesamtlaufzeit von 4–5 Stunden starten. Nach etwa 10 Minuten das Restmehl mit einem Teigschaber aus den Ecken der Form zusammenkratzen, damit alles gut vermischt wird. Nach Programmende das Brot aus der Backform stürzen und auf einem Kuchengitter vollständig abkühlen lassen.

Quarkbrot

Programme: „Langzeitprogramm“ mit einer Gesamtlaufzeit von 4–5 Stunden

Ergibt ein Brot von ca. 950 g

500 g Weizenmehl Type 1050
½ TL (1,5 g) Trockenhefe
200 g Speisequark (40 % Fett)
10 g (2 TL) Salz
5 g (1 TL) Rohrohrzucker
20 g (2 EL) Olivenöl
ca. 230 ml Vollmilch (3,5 % Fett), Raumtemperatur

ZUBEREITUNG:
Alle Zutaten in die Backform füllen und ein automatisches Programm mit einer Gesamtlaufzeit von 4–5 Stunden starten. Nach etwa 10 Minuten das Restmehl mit einem Teigschaber aus den Ecken der Form zusammenkratzen, damit alles gut vermischt wird. Nach Programmende das Brot aus der Backform stürzen und auf einem Kuchengitter vollständig abkühlen lassen.

Landbrot

Weißweinbrot

Programme: „Langzeitprogramm“ mit einer Gesamtlaufzeit von 4–5 Stunden

Ergibt ein Brot von ca. 540 g

250 g Weizenmehl Type 550
80 g Roggenvollkornmehl
¼ TL (0,75 g) Trockenhefe
20 g gekaufter, flüssiger Sauerteig oder eigener Sauerteig aus dem Kühlschrank
5 g (1 TL) Salz
100 ml Weißwein (Riesling), Raumtemperatur
ca. 90 ml Wasser

ZUBEREITUNG:
Alle Zutaten in die Backform füllen und ein automatisches Programm mit einer Gesamtlaufzeit von 4–5 Stunden starten. Nach etwa 10 Minuten das Restmehl mit einem Teigschaber aus den Ecken der Form zusammenkratzen, damit alles gut vermischt wird. Nach Programmende das Brot aus der Backform stürzen und auf einem Kuchengitter vollständig abkühlen lassen.

Sonnenblumenkernbrot

Programme: „Langzeitprogramm“ mit einer Gesamtlaufzeit von 4–5 Stunden

Ergibt ein Brot von ca. 950 g

500 g Weizenmehl Type 1050
80 g Sonnenblumenkerne
½ TL (1,5 g) Trockenhefe
20 g Butter, kühl
10 g (2 TL) Salz
10 g (1 EL) Zuckerrübensirup
ca. 330 ml Wasser, kühl

ZUBEREITUNG:
Alle Zutaten in die Backform füllen und ein automatisches Programm mit einer Gesamtlaufzeit von 4–5 Stunden starten. Nach etwa 10 Minuten das Restmehl mit einem Teigschaber aus den Ecken der Form zusammenkratzen, damit alles gut vermischt wird. Nach Programmende, das Brot aus der Form stürzen und auf einem Gitter vollständig abkühlen lassen.

TIPP

Für ein intensiveres Aroma rösten Sie die Sonnenblumenkerne in einer Pfanne an. Diese müssen vollständig abkühlen, bevor sie zum Teig gegeben werden.

Sonnenblumenkernbrot

Sesambrot-Tahin

Programme: „Langzeitprogramm“ mit einer Gesamtlaufzeit von 4–5 Stunden

Ergibt ein Brot von ca. 800 g

450 g Weizenmehl Type 1050
30 g Haselnüsse, geröstet und gemahlen
½ TL (1,5 g) Trockenhefe
20 g Sesammus-Sesampaste (Tahin)
10 g (2 TL) Salz
10 g (1 EL) Zucker
ca. 280 ml Wasser, kühl

Außerdem:
2 EL Sesamsamen zum Bestreuen der Teigoberfläche

ZUBEREITUNG:
Alle Zutaten in die Backform füllen und ein automatisches Programm mit einer Gesamtlaufzeit von 4–5 Stunden starten. Nach etwa 10 Minuten das Restmehl mit einem Teigschaber aus den Ecken der Form zusammenkratzen, damit alles gut vermischt wird. Nach dem letzten Knetgang die Teigoberfläche mit Wasser befeuchten und die Sesamsamen darauf streuen. Nach Programmende das Brot aus der Form stürzen und auf einem Gitter vollständig abkühlen lassen.

TIPP

Sesammus wird auch Tahin, Tahina oder Tahini genannt. Es ist vor allem in der arabischen Küche als klassische Zutat in Hummus oder Baba Ganoush bekannt. Erhältlich ist die Sesampaste mittlerweile in jedem Supermarkt oder in Reformhäusern und Feinkostläden.

BROTE MIT SAUERTEIG

Hier finden Sie Anleitungen für naturbelassenes Brot, das dank einer langen Reifezeit besonders aromatisch schmeckt. Für diese leckeren Rezepte können Sie Ihren eigenen, selbstgezüchteten Sauerteig verwenden. Frischen Sie Ihren Sauerteig vor der Zubereitung auf, damit er triebstark ist. Wenn Sie bereits Erfahrungen im Umgang mit Sauerteig gesammelt haben, Ihr Sauerteig richtig fit ist und Sie dem Teig noch etwas mehr Zeit geben, können Sie auf die Hefezugabe komplett verzichten.

Sauerteig-Weizenmischbrot

Programme: „Langzeitprogramm", „Sauerteig" oder „Teig und Backen"

Ergibt ein Brot von ca. 950 g

Sauerteig 200 g:
10 g Roggen-Sauerteig-Anstellgut (gereift und triebstark)
100 g Roggen-Vollkornmehl
90 ml Wasser, lauwarm

Hauptteig:
gereifter Sauerteig
250 g Weizenmehl Type 1050
220 g Weizenmehl Type 550
30 g Roggenmehl Type 1150
¼ TL (0,75 g) Trockenhefe
12 g (2 ½ TL) Salz
ca. 300 ml Wasser, lauwarm

VORBEREITUNG:
Die Zutaten für den Sauerteig mischen und den Sauerteig abgedeckt bei Raumtemperatur 12–16 Stunden reifen lassen.

ZUBEREITUNG:
Alle Zutaten in die Backform füllen und ein automatisches Programm mit einer Gesamtlaufzeit von 4–5 Stunden starten oder die Programme „Teig" und „Backen" verwenden. Nach dem Backen das Brot aus der Backform stürzen und auf einem Gitter vollständig abkühlen lassen.

Sauerteig-Weizenmischbrot

TIPP

Für einen extra körnigen Biss können Sie noch 40 g Sonnenblumenkerne mit in den Brotteig geben.

Schrotbrot mit Sauerteig

Programme: „Langzeitprogramm“, „Sauerteig“ oder „Teig und Backen“

Ergibt ein Brot von ca. 850 g

Sauerteig 210 g:
10 g Weizen-Sauerteig-Anstellgut (gereift und triebstark)
100 g Weizenschrot, mittel
100 ml Wasser, lauwarm

Brühstück:
40 g Weizenschrot, mittelfein gemahlen
10 g (2 TL) Salz
100 ml Wasser, kochend

Hauptteig:
gereifter Sauerteig
Brühstück
250 g Weizen-Vollkornmehl
50 g Weizenschrot, mittelfein gemahlen
¼ TL (0,75 g) Trockenhefe
10 ml (1 EL) Olivenöl
10 g (1 EL) Honig
70 ml Vollmilch (3,5 % Fett), Raumtemperatur
ca. 70 ml Wasser, lauwarm

VORBEREITUNG:

Die Zutaten für den Sauerteig mischen und den Sauerteig abgedeckt bei Raumtemperatur 16–18 Stunden reifen lassen. Für das Brühstück Weizenschrot mit Salz mischen und kochendes Wasser mit einem Kochlöffel unterrühren. Abgedeckt bei Raumtemperatur vollständig abkühlen lassen.

ZUBEREITUNG:

Alle Zutaten in die Backform füllen und ein automatisches Programm mit einer Gesamtlaufzeit von 4–5 Stunden starten die Programme „Teig“ und „Backen“ verwenden. Nach dem Backen das Brot aus der Backform stürzen und auf einem Gitter vollständig abkühlen lassen.

TIPP

Benetzen Sie nach dem letzten Knetgang die Teigoberfläche mit Wasser und streuen Sie etwas Weizenschrot auf.

Schrotbrot mit Sauerteig

Sauerteig-Weißbrot

Programme: „Langzeitprogramm“, „Französisch“ oder „Teig und Backen“

Ergibt ein Brot von ca. 900 g

Sauerteig 210 g:
10 g Weizensauerteig-Anstellgut (gereift und triebstark)
100 g Weizen-Vollkornmehl
100 ml Wasser, lauwarm

Hauptteig:
gereifter Sauerteig
400 g Weizenmehl Type 550
50 g Weizenmehl Type 1050
¼ TL (0,75 g) Trockenhefe
12 g (2 ½ TL) Salz
5 g (1 TL) Zuckerrübensirup
25 g Butter, weich
ca. 240 ml Wasser, lauwarm

VORBEREITUNG:
Die Zutaten für den Sauerteig mischen und den Sauerteig abgedeckt bei etwa 28–30 °C 10–12 Stunden reifen lassen.

ZUBEREITUNG:
Alle Zutaten in die Backform füllen und entsprechendes Programm mit einer Gesamtlaufzeit von etwa 4–5 Stunden starten oder die Programme „Teig“ und „Backen“ verwenden. Nach dem Backen das Brot aus der Backform stürzen und auf einem Gitter vollständig abkühlen lassen.

TIPP

Für eine glänzende Kruste bestreichen Sie vor dem Backen, die Teigoberfläche mit einem Kuchenpinsel mit Milch oder Wasser.

Dinkel-Sauerteigbrot

Programme: „Dinkel“, „Vollkorn“, „Französisch“ oder „Teig und Backen“

Ergibt ein Brot von ca. 950 g

Sauerteig 190 g:
70 g Weizen-Sauerteig-Anstellgut (gereift und triebstark)
70 g Weizen-Vollkornmehl
50 ml Wasser, lauwarm

Brühstück:
40 g Restbrot (getrocknetes Brot, gemahlen)
12 g (2½ TL) Salz
150 ml Wasser, kochend

Hauptteig:
gereifter Sauerteig
Brühstück
400 g Dinkel-Vollkornmehl
¼ TL (0,75 g) Trockenhefe
10 g (1 EL) Honig
10 ml (1 EL) Sonnenblumenöl
ca. 180 ml Wasser, lauwarm

VORBEREITUNG:
Die Zutaten für den Sauerteig mischen und den Sauerteig abgedeckt bei etwa 29–30 °C etwa 90 Minuten reifen lassen. Anschließend 8–12 Stunden im Kühlschrank bis zur Verwendung aufbewahren. Für das Brühstück Restbrot mit Salz mischen und kochendes Wasser mit einem Kochlöffel unterrühren. Abgedeckt bei Raumtemperatur vollständig abkühlen lassen.

Dinkel-Sauerteigbrot

ZUBEREITUNG:
Alle Zutaten in die Backform füllen und entsprechendes Programm mit einer Gesamtlaufzeit von 4–5 Stunden starten oder die Programme „Teig“ und „Backen“ verwenden. Nach dem Backen das Brot aus der Backform stürzen und auf einem Gitter vollständig abkühlen lassen.

TIPPS

Der Geschmack des Brotes kann durch Verwendung unterschiedlicher getrockneter Brotsorten variiert werden. Für ein intensiveres Aroma können Sie das Restbrot im Ofen oder in einer Pfanne anrösten. Alternativ können Sie auch eine Brotscheibe toasten und mahlen oder Semmelbrösel, Paniermehl, gemahlenes Knäckebrot oder Zwieback verwenden.

BROTREIFE

Die Brotreife können Sie an den Rissen der Oberfläche sowie an dem fast verdoppelten Teigvolumen erkennen.

100 % Roggenbrot

Programme: „Teig und Backen“ oder „Roggenbrot“

Ergibt ein Brot von ca. 800 g

Sauerteig 358,5 g:
17 g Roggen-Sauerteig-Anstellgut (gereift und triebstark)
170 g Roggen-Vollkornmehl
170 ml Wasser, lauwarm
1,5 g Salz

Hauptteig:
gereifter Sauerteig
250 g Roggenmehl Type 1150
⅛ TL (0,75 g) Trockenhefe
8 g (1½ TL) Salz
10 g (1 EL) Zuckerrübensirup
ca. 170 ml Wasser, warm

VORBEREITUNG:
Die Zutaten für den Sauerteig mischen und den Sauerteig abgedeckt bei Raumtemperatur 12–16 Stunden reifen lassen.

ZUBEREITUNG:
Alle Zutaten in die Backform füllen und Programm „Roggenbrot“ starten. Alternativ Programm „Teig“ starten und etwa 5 Minuten rühren lassen, dabei mit einem Teigschaber die Restmehlecken zusammenkratzen, damit alles gut vermischt wird. Das Programm anschließend mit der „Stopp-Taste beenden. Den Knethaken entfernen. Den Teig mit einem Teigschaber glattstreichen, die Oberfläche leicht mit Roggenschrot bemehlen und den Teig 2–3 Stunden in der Backform im Automaten reifen lassen. Bei voller Reife das Programm „Backen“ für 60 Minuten starten. Nach dem Backen das Brot aus der Backform stürzen und auf einem Kuchengitter vollständig abkühlen lassen.

TIPP

Zusätzlich können Sie noch etwas Brotgewürz wie gemahlenen Fenchel, Anis oder Kümmel in den Teig geben. Das macht aus diesem reinen Roggenbrot eine würzige Variante. Reine Roggenbrote sollten Sie erst am nächsten Tag anschneiden.

100 % Roggenbrot

Roggen-Dinkel-Brot

Programme: „Roggenbrot" oder „Teig und Backen"

Ergibt ein Brot von ca. 950 g

Sauerteig 280 g:
30 g Roggen-Sauerteig-Anstellgut (gereift und triebstark)
125 g Roggenmehl Type 1150
125 ml Wasser, lauwarm

Hauptteig:
gereifter Sauerteig
250 g Roggenmehl Type 1150
150 g Dinkelmehl Type 630
¼ TL (0,75 g) Trockenhefe
10–15 g (1 EL) Brotgewürz, gemahlen
12 g (2½ TL) Salz
ca. 270 ml Wasser, lauwarm

VORBEREITUNG:
Die Zutaten für den Sauerteig mischen und den Sauerteig abgedeckt bei Raumtemperatur 12–16 Stunden reifen lassen.

ZUBEREITUNG:
Alle Zutaten in die Backform füllen und Programm „Roggenbrot" starten. Alternativ Programm „Teig" starten und etwa 5 Minuten rühren lassen, dabei mit einem Teigschaber die Restmehlecken zusammenkratzen, damit alles gut vermischt wird. Das Programm anschließend mit der „Stopp- Taste beenden. Den Teig etwa 45 Minuten ruhen lassen. Danach den Teig noch einmal kurz kneten lassen oder aus der Form nehmen, den Knethaken entfernen, den Laib in etwas Roggenmehl wälzen. Den Teig erneut 45 Minuten–1½ Stunden in der Backform im Automaten reifen lassen. Bei voller Reife das Programm „Backen" für 60 Minuten starten. Nach dem Backen das Brot aus der Form stürzen und auf einem Kuchengitter vollständig abkühlen lassen.

ROGGENBROTE WERDEN NICHT INTENSIV GEKNETET

Brotteige, die überwiegend aus Roggenmehl bestehen werden nur gerührt, bis alles gut vermischt ist. Roggenmehle haben eine andere Zusammensetzung als Weizenmehle, daher bildet sich bei Ihnen kein Klebergerüst wie bei Weizenteigen. Sollte Ihr Brotbackautomat kein „Roggenprogramm" besitzen, rühren Sie mit dem Programm „Teig" die Masse in etwa 5–8 Minuten zusammen. Da der Knethaken durch die nur locker verbundene Masse meistens ins Leere rührt, nehmen Sie eine Teigschaber zur Hilfe und sorgen dafür, dass alles gut vermischt wird.

Roggenschrotbrot

Programme: „Teig und Backen“ oder „Roggenbrot“

Ergibt ein Brot von ca. 950 g

Sauerteig 389 g:
35 g Roggen-Sauerteig-Anstellgut (gereift und triebstark)
175 g Roggen-Vollkornmehl
175 ml Wasser, lauwarm
4 g Salz

Brühstück:
80 g Roggenschrot, mittelfein gemahlen
9 g Salz
150 ml Wasser, kochend

Hauptteig:
gereifter Sauerteig
Brühstück
250 g Roggenmehl Type 1150
10 g (1 EL) Zuckerrübensirup
ca. 80 ml Wasser, lauwarm

VORBEREITUNG:
Die Zutaten für den Sauerteig mischen und den Sauerteig abgedeckt bei Raumtemperatur 12–15 Stunden reifen lassen. Für das Brühstück Roggenschrot mit Salz mischen und kochendes Wasser mit einem Kochlöffel unterrühren. 12–15 Stunden abgedeckt bei Raumtemperatur ausquellen lassen.

ZUBEREITUNG:
Alle Zutaten in die Backform füllen und Programm „Roggenbrot“ starten. Alternativ Programm „Teig“ starten und etwa 10 Minuten rühren lassen, dabei mit einem Teigschaber die Restmehlecken zusammenkratzen, damit alles gut vermischt wird. Das Programm anschließend mit der „Stopp-Taste beenden. Den Knethaken entfernen. Den Teig mit einem Teigschaber glattstreichen, die Oberfläche leicht mit Roggenschrot bemehlen und den Teig 2–3 Stunden in der Backform im Automaten reifen lassen. Bei voller Reife das Programm „Backen“ für 60 Minuten starten. Nach dem Backen das Brot aus der Backform stürzen und auf einem Kuchengitter vollständig abkühlen lassen.

TIPP
Der Geschmack und das Aroma entfalten sich erst richtig nach einigen Tagen. Lassen Sie das fertige Brot daher etwas reifen und schneiden Sie es erst nach 1–2 Tagen an.

Sauerteig-Gewürzbrot

Programm: „Teig“ und anschließend „nur Backen“

Ergibt ein Brot von ca. 850 g

5 g Roggen-Sauerteig-Anstellgut (gereift und triebstark)
300 g Roggenmehl Type 1150
100 g Roggen-Vollkornmehl
50 g Dinkel-Vollkornmehl
2 g Brotgewürz (Kümmel, Koriander, Kardamom, Fenchel, Anis, gemahlen). Brotgewürz gibt es auch fertig gemischt zu kaufen.
10 g (2 TL) Salz
5 g (1 TL) Honig
ca. 380 ml Wasser, lauwarm

ZUBEREITUNG:
Alle Zutaten in die Backform füllen und Programm „Teig“ starten. Den Automaten etwa 3–5 Minuten rühren lassen, dabei mit einem Teigschaber die Restmehlecken zusammenkratzen, damit alles gut vermischt wird. Anschließend das Programm mit der „Stopp“-Taste beenden. Den Knethaken bei Wunsch entfernen. Mit einem Teigschaber den Teig glattstreichen, die Oberfläche leicht mit Roggenmehl bestreuen und den Teig 18–22 Stunden in der Backform im Automaten gehen lassen. Die Brotreife können Sie an den Rissen der Oberfläche sowie an dem fast verdoppelten Teigvolumen erkennen. Dann das Programm „Backen“ für 60 Minuten starten. Nach dem Backen das Brot aus der Form stürzen und auf einem Kuchengitter vollständig abkühlen lassen.

Sauerteig-Toastbrot

Programme: „Normal“, „Basic“ oder „Teig und Backen“

Ergibt ein Brot von ca. 850 g

Sauerteig 210 g:
10 g Weizen-Sauerteig-Anstellgut (gereift und triebstark)
100 g Weizenmehl Type 550
100 ml fettarme Milch (1,5 % Fett), lauwarm

Hauptteig:
gereifter Sauerteig
350 g Weizenmehl Type 550
50 g Weizenmehl Type 405
½ TL (1,5 g) Trockenhefe
10 g (2 TL) Salz
20 g (2 EL) Zucker
30 g Butter, weich
50 ml Sahne, flüssig
ca. 150 ml Wasser, lauwarm

VORBEREITUNG:
Alle Zutaten mischen und den Sauerteig abgedeckt bei etwa 30 °C 8–10 Stunden reifen lassen.

ZUBEREITUNG:
Alle Zutaten in die Backform füllen und ein automatisches Programm starten oder alternativ das Programm „Teig“ komplett ablaufen lassen. Anschließend den Teig auf eine bemehlte Arbeitsfläche geben und rund wirken, das heißt straff zu einer Kugel formen. Den Knethaken entfernen. Den Teig in der Backform im Automaten etwa 1 Stunde ruhen lassen. Bei voller Reife das Programm „Backen“ für 60 Minuten starten. Nach dem Backen das Brot aus der Backform stürzen und auf einem Kuchengitter vollständig abkühlen lassen.

Sauerteig-Toastbrot

Quarkbrot mit Sauerteig

Programme: „Normal", „Basic" oder „Teig und Backen"

Ergibt ein Brot von ca. 1000 g

Sauerteig 212 g:
12 g Roggen-Sauerteig-Anstellgut (gereift und triebstark)
110 g Roggenmehl Type 1150
90 ml Wasser, lauwarm

Hauptteig:
gereifter Sauerteig
250 g Weizenmehl Type 1050
250 g Weizenmehl Type 550
¼ TL (0,75 g) Trockenhefe
12 g (2 TL) Salz
50 g Speisequark (40 % Fett)
ca. 230 ml Wasser, lauwarm

VORBEREITUNG:
Alle Zutaten mischen und den Sauerteig abgedeckt bei Raumtemperatur 12–15 Stunden reifen lassen.

ZUBEREITUNG:
Alle Zutaten in die Backform füllen und ein automatisches Programm wie beispielsweise „Normal" mit einer Gesamtlaufzeit von 3–4 Stunden starten oder alternativ das Programm „Teig" komplett ablaufen lassen (Dauer insgesamt 1,5–2 Stunden). Anschließend den Teig auf eine bemehlte Arbeitsfläche geben und rund wirken, das heißt straff zu einer Kugel formen. Den Knethaken entfernen. Den Teig in der Backform im Automaten etwa 1 Stunde ruhen lassen. Bei voller Reife das Programm „Backen" für 60 Minuten starten. Nach dem Backen das Brot aus der Backform stürzen und auf einem Kuchengitter vollständig abkühlen lassen.

Quarkbrot mit Sauerteig

BROTE MIT BACKFERMENT

Backferment ist in Reformhäusern, Bioläden oder Internetshops als Trockengranulat, Pulver oder Grundansatz erhältlich. Es ist ein mildsaures Backtriebmittel aus Honig, Getreide und Hülsenfruchtmehl. Um das Ferment auch für Zöliakiekranke zugänglich zu machen, wurde 1991 zusätzlich ein glutenfreies Ferment auf Maisbasis entwickelt. Mit Backferment hergestellte Brote oder Brötchen sind für Menschen mit empfindlichem Verdauungstrakt oft besser verträglich als mit Hefe oder Sauerteig hergestellte Brote. Backfermentbrote sind aromatisch und bleiben lange frisch. Obwohl es nicht so bezeichnet wird, handelt es sich bei Backferment eigentlich um einen milden Sauerteig.
Wie bei einem selbst gezüchteten Sauerteig muss vor dem Backen ein Grundansatz zur Verfügung stehen. Dieser kann fertig gekauft oder selbst hergestellt werden. Da es verschiedene Handelsprodukte gibt, sind die Angaben der Hersteller zu beachten.

Dinkel-Roggenbrot mit Backferment

Programm: „Normal", „Vollkorn" oder „Teig und Backen"

Ergibt ein Brot von ca. 750 g

Vorteig:
10 g Backferment Sekowa Grundansatz
3 g Backferment Sekowa Granulat/Pulver
200 ml Wasser, lauwarm
150 g Roggen-Vollkornmehl

Hauptteig:
gereifter Backferment-Vorteig
270 g Dinkel-Vollkornmehl
10 g (2 TL) Salz
ca. 120 ml Buttermilch, Raumtemperatur

VORBEREITUNG:
Grundansatz und Granulat im warmen Wasser auflösen, zusammen mit dem Mehl in die Backform füllen. Programm „Teig" für 2–3 Minuten starten bis alles gut vermischt ist, eventuell mit einem Teigschaber die Teigreste von der Backform lösen und untermischen. Programm mit „Stopp" beenden, Deckel schließen und den Vorteig mindestens 12–18 Stunden reifen lassen.

Dinkel-Roggenbrot mit Backferment

ZUBEREITUNG:
Alle Zutaten in die Backform füllen und ein automatisches Programm wie beispielsweise „Normal“ mit einer Gesamtlaufzeit von 3–4 Stunden starten. Alternativ mit dem Programm „Teig“ arbeiten und das Programm komplett ablaufen lassen (Dauer etwa 1,5–2 Stunden). Anschließend den Teig auf eine bemehlte Arbeitsfläche geben und rund wirken und zu einer Kugel formen. Den Knethaken entfernen. Den Brotteig zurück in die Backform geben und im Automaten etwa 1 Stunde ruhen lassen. Bei erreichter Teigreife das Programm „Backen“ für 60 Minuten starten. Nach dem Backen das Brot aus der Backform stürzen und auf einem Kuchengitter vollständig abkühlen lassen.

Vollkorn-Mischbrot mit Backferment

Programme: „Vollkorn“ oder „Teig und Backen“

Ergibt ein Brot von ca. 1000 g

Vorteig:
15 g Backferment Sekowa Grundansatz
3 g Backferment Sekowa Granulat/Pulver
200 ml Wasser, lauwarm
100 g Roggen-Vollkornmehl
100 g Weizen-Vollkornmehl

Hauptteig:
gereifter Backferment-Vorteig
250 g Weizen-Vollkornmehl
160 g Roggen-Vollkornmehl
12 g (2 TL) Salz
ca. 250 ml Wasser, lauwarm

VORBEREITUNG:
Grundansatz und Granulat im warmen Wasser auflösen, zusammen mit dem Mehl in die Backform füllen. Programm „Teig“ für 2–3 Minuten starten, bis alles gut vermischt ist, eventuell mit einem Teigschaber die Teigreste von der Backform lösen und untermischen. Programm mit „Stopp“ beenden, Deckel schließen und den Vorteig mindestens 12–18 Stunden reifen lassen.

ZUBEREITUNG:
Alle Zutaten in die Backform füllen und ein automatisches Programm wie beispielsweise „Normal“ mit einer Gesamtlaufzeit von 3–4 Stunden starten. Alternativ mit dem Programm „Teig“ arbeiten und das Programm komplett ablaufen lassen (Dauer etwa 1,5–2 Stunden). Anschließend den Teig auf eine bemehlte Arbeitsfläche geben und rund wirken und zu einer Kugel formen. Den Knethaken entfernen. Den Brotteig zurück in die Backform geben und im Automaten etwa 1 Stunde ruhen lassen. Bei erreichter Teigreife das Programm „Backen“ für 60 Minuten starten. Nach dem Backen das Brot aus der Backform stürzen und auf einem Kuchengitter vollständig abkühlen lassen.

TIPP

Ganz hervorragend passen in dieses Brot 60 g geröstete Walnusskerne oder Kürbiskerne. Diese fügen Sie einfach beim letzten Knetgang hinzu.

Vollkorn-Mischbrot mit Backferment

Saatenbrot mit Backferment

Programme: „Normal“, „Vollkorn“ oder „Teig und Backen“

Ergibt ein Brot von ca. 900 g

Vorteig:
10 g Backferment Sekowa Grundansatz
3 g Backferment Sekowa Granulat/Pulver
130 ml Wasser, lauwarm
100 g Dinkelschrot, mittelfein gemahlen
50 g Dinkel-Vollkornmehl

Brühstück:
20 g (2 EL) grobe Haferflocken
20 g (2 EL) Leinsamen
30 g (3 EL) Sonnenblumenkerne
10 g (1 EL) Zuckerrübensirup
12 g (2 ½ TL) Salz
150 ml Wasser, kochend

Hauptteig:
gereifter Backferment-Vorteig
Brühstück
300 g Weizenmehl Type 550
ca. 100 ml Wasser, lauwarm

VORBEREITUNG:
Grundansatz und Granulat im warmen Wasser auflösen, zusammen mit dem Schrot und dem Mehl in die Backform füllen. Programm „Teig“ für 2–3 Minuten starten, bis alles gut vermischt ist. Programm mit „Stopp“ beenden, Deckel schließen und den Vorteig mindestens 12–18 Stunden reifen lassen. Für das Brühstück einige Stunden vor der Teigbereitung die Zutaten in einer Schüssel oder einem Topf mit kochendem Wasser übergießen, umrühren, mit einer Folie abdecken und mind. 3 Stunden ausquellen lassen. Am besten Brühstück gleichzeitig mit dem Vorteig ansetzen.

ZUBEREITUNG:
Alle Zutaten in die Backform füllen und ein automatisches Programm wie beispielsweise „Normal“ mit einer Gesamtlaufzeit von 3–4 Stunden starten. Alternativ mit dem Programm „Teig“ arbeiten und das Programm komplett ablaufen lassen (Dauer etwa 1,5–2 Stunden). Anschließend den Teig auf eine bemehlte Arbeitsfläche geben und rund wirken und zu einer Kugel formen. Den Knethaken entfernen. Den Brotteig zurück in die Backform geben und im Automaten etwa 1 Stunde ruhen lassen. Bei erreichter Teigreife das Programm „Backen“ für 60 Minuten starten. Nach dem Backen das Brot aus der Backform stürzen.

Weißbrot mit Backferment

Programm: „Normal“ oder „Teig und Backen“

Ergibt ein Brot von ca. 850 g

Vorteig:
15 g Backferment Sekowa Grundansatz
3 g Backferment Sekowa Granulat/Pulver
200 ml Wasser, lauwarm
200 g Weizen-Vollkornmehl

Hauptteig:
gereifter Backferment-Vorteig
300 g Weizenmehl Type 550
10 g (2 TL) Salz
5 g (1 TL) Zucker
20 g Butter, weich
50 ml Vollmilch (3,5 % Fett)
ca. 50 ml Wasser, lauwarm

VORBEREITUNG:
Grundansatz und Granulat im warmen Wasser auflösen, zusammen mit dem Mehl in die Backform füllen. Programm „Teig“ für 2–3 Minuten starten, bis alles gut vermischt ist, eventuell mit einem Teigschaber die Teigreste von der Backform lösen und untermischen. Programm mit „Stopp“ beenden, Deckel schließen und den Vorteig mindestens 12–18 Stunden reifen lassen.

ZUBEREITUNG:
Alle Zutaten in die Backform füllen und ein automatisches Programm wie beispielsweise „Normal“ mit einer Gesamtlaufzeit von 3–4 Stunden starten. Alternativ das Programm „Teig“ komplett ablaufen lassen (Dauer etwa 1,5–2 Stunden). Anschließend den Teig auf eine bemehlte Arbeitsfläche geben und rund wirken und zu einer Kugel formen. Den Knethaken entfernen. Den Brotteig zurück in die Backform geben und im Automaten etwa 1 Stunde ruhen lassen. Bei erreichter Teigreife das Programm „Backen“ für 60 Minuten starten. Nach dem Backen das Brot aus der Backform stürzen und auf einem Kuchengitter vollständig abkühlen lassen.

Landbrot mit Backferment

Programm: „Normal“ oder „Teig und Backen“

Ergibt ein Brot von ca. 800 g

Vorteig:
15 g Backferment Sekowa Grundansatz
3 g Backferment Sekowa Granulat/Pulver
150 ml Wasser, lauwarm
150 g Roggenmehl Type 1150

Quellstück:
30 g Restbrot (Semmelbrösel)
120 ml Wasser

Hauptteig:
gereifter Backferment-Vorteig
Quellstück
300 g Weizenmehl Type 1050
10 g (2 TL) Salz

VORBEREITUNG:
Grundansatz und Granulat im warmen Wasser auflösen, zusammen mit dem Mehl in die Backform füllen. Programm „Teig“ für 2–3 Minuten starten, bis alles gut vermischt ist, eventuell mit einem Teigschaber die Teigreste von der Backform lösen und untermischen. Programm mit „Stopp“ beenden, Deckel schließen und den Vorteig mindestens 12–18 Stunden reifen lassen. Einige Stunden vor der Teigbereitung die Zutaten für das Quellstück in einer Schüssel mit warmem Wasser übergießen und mindestens 2 Stunden, am besten auch über Nacht, zugedeckt ausquellen lassen.

ZUBEREITUNG:
Alle Zutaten in die Backform füllen und ein automatisches Programm starten. Alternativ mit dem Programm „Teig“ arbeiten und das Programm komplett ablaufen lassen (Dauer etwa 1,5–2 Stunden). Anschließend den Teig auf eine bemehlte Arbeitsfläche geben und rund wirken und zu einer Kugel formen. Den Knethaken entfernen. Den Brotteig zurück in die Backform geben und im Automaten etwa 1 Stunde ruhen lassen. Bei erreichter Teigreife das Programm „Backen“ für 60 Minuten starten. Nach dem Backen das Brot aus der Backform stürzen und auf einem Kuchengitter vollständig abkühlen lassen.

Glutenfreies Maisbrot mit Backferment

Programm: „Glutenfrei“, „Eigenprogramm“ oder „Teig und Backen“

Ergibt ein Brot von ca. 800 g

Vorteig:
10 g glutenfreier Grundansatz
3 g Granulat, glutenfreies Maisbackferment
150 g Maismehl
ca. 170 ml Wasser

Quellstück:
50 g Leinsamen
150 ml Wasser, lauwarm

Hauptteig:
gereifter Backferment-Vorteig
Quellstück
100 g Maisstärke
100 g rotes Linsenmehl
50 g Maisgrieß
1 TL gemahlene Flohsamenschalen
1½ TL Xanthan
½ TL (1,5 g) Trockenhefe
8 g (1½ TL) Salz
10 g (1 EL) Zucker
1 Bio-Ei, Größe M
20 g (2 EL) Speiseöl
50 ml Vollmilch (3,5 % Fett), lauwarm

VORBEREITUNG:

Grundansatz und Granulat im warmen Wasser auflösen, zusammen mit dem Mehl in die Backform füllen. Programm „Teig“ für 2–3 Minuten starten, bis alles gut vermischt ist, eventuell mit einem Teigschaber die Teigreste von der Backform lösen und untermischen. Programm mit „Stopp“ beenden, Deckel schließen und den Vorteig mindestens 14–24 Std. reifen lassen. Für das Quellstück Wasser mit einem Löffel unter den Leinsamen mischen und mindestens 4 Stunden quellen lassen.

ZUBEREITUNG:

Alle Zutaten in die Backform füllen und das Programm „Glutenfrei“ starten und automatisch ablaufen lassen. Alternativ mit dem Programm „Teig“ arbeiten: Den Automaten etwa 3–5 Minuten rühren lassen, dabei mit einem Teigschaber die Restmehlecken zusammenkratzen, damit alles gut vermischt wird. Anschließend das Programm mit der „Stopp“-Taste beenden. Den Knethaken entfernen. Mit einem angefeuchteten Teigschaber den Teig glattstreichen, die Oberfläche mit Leinsamen bestreuen und den Teig etwa 1 Stunde in der Backform im Automaten ruhen lassen. Die Brotreife können Sie an den Rissen der Oberfläche sowie an dem fast verdoppelten Teigvolumen erkennen. Dann das Programm „Backen“ für 60 Minuten starten. Nach dem Backen das Brot aus der Form stürzen und auf einem Kuchengitter vollständig abkühlen lassen.

STÄRKERE LOCKERUNG

Falls Ihr Ansatz nicht so stark ausgereift ist und Sie eine größere Lockerung wünschen, können Sie ½ Teelöffel Trockenhefe zum Hauptteig geben oder die Gesamtzeit des Programms verlängern.

Glutenfreies Mais-Brot mit Backferment

Weizen-Einkorn-Haferflockenbrot

HEFEBROTE MIT LANGER TEIGRUHE

„Bitte nicht stören“ lautet das Motto bei der Zubereitung dieser leckeren und bekömmlichen Brote: Der Hauptteig reift über eine lange Zeit bei Raumtemperatur oder im Kühlschrank. Während dieser langen Reifezeit entwickeln sich aromatische Säuren, die das Brot geschmacklich verbessern, besser verdaulich und länger haltbar machen.

Weizen-Einkorn-Haferflockenbrot

Programme: „Teig “oder „Brotteig kneten“ und anschließend „nur Backen“

Ergibt ein Brot von ca. 700 g

Kochstück:
40 g grobe Haferflocken
8 g (1 ½ TL) Salz
190 ml Buttermilch

Hauptteig:
Kochstück
250 g Weizenmehl Type 550
100 g Einkorn-Vollkornmehl
½ TL (1,5 g) Trockenhefe
15 g Zuckerrübensirup
50 ml Sahne
ca. 80 ml Wasser, kalt

Außerdem:
2 EL Haferflocken zum Bestreuen der Teigoberfläche.

VORBEREITUNG:
Die Zutaten für das Kochstück in einem Topf mischen und zum Kochen bringen. Unter Rühren etwa 5 Minuten köcheln lassen. Dabei kann es sein, dass die Buttermilch ausflockt, was aber nicht schlimm ist. Abgedeckt abkühlen lassen.

ZUBEREITUNG:
Alle Zutaten in die Backform des Automaten füllen, Deckel schließen und Programm „Teig“ oder „Brotteig kneten“ für 10 Minuten starten. Dabei mit einem Teigschaber die Restmehlecken zusammenkratzen, damit alles gut vermischt wird. Anschließend das Programm mit „Stopp“ beenden. Mit einem Kuchenpinsel die Teigoberfläche mit Wasser bestreichen und Haferflocken aufstreuen. Den Teig in der Backform mit Folie abdecken und zum Reifen 8–12 Stunden bei 5–6 °C in den Kühlschrank stellen. Das Brotvolumen sollte sich in dieser Zeit fast verdoppelt haben. Dann Backform mit Teig in den Automaten setzen, Deckel schließen und Programm „Backen“ für 60 Minuten starten. Nach dem Backen das Brot aus der Form stürzen.

Weißbrot

Programme: „Teig "oder „Brotteig kneten" und anschließend „nur Backen"

Ergibt ein Brot von ca. 650 g

400 g Weizenmehl Type 1050
½ TL (1,5 g) Trockenhefe
8 g (1 ½ TL) Salz
ca. 260 ml Wasser, kühl

ZUBEREITUNG:
Alle Zutaten in die Backform des Brotbackautomaten füllen, Deckel schließen und Programm „Teig" oder „Brotteig kneten" starten. Den Automaten 15 Minuten kneten lassen, dabei mit einem Teigschaber die Restmehlecken zusammenkratzen, damit alles gut vermischt wird. Anschließend das Programm mit der „Stopp"-Taste beenden. Den Teig 3 Stunden in der Form im Automaten gehen lassen. Dann den Teig aus der Backform nehmen und auf einer bemehlten Arbeitsfläche rund wirken und formen. Den Knethaken entfernen.
Den geformten Teigling wieder zurück in die Backform legen und zugedeckt 6–8 Stunden zum Reifen bei 5–6 °C in den Kühlschrank stellen. Backform mit dem Teig 1 Stunde vor Backbeginn aus dem Kühlschrank holen und in den Automaten setzen, Deckel schließen. Nachdem sich der Teig akklimatisiert und fast verdoppelt hat, das Programm „Backen" für 60 Minuten starten. Nach dem Backen das Brot aus der Form stürzen und auf einem Kuchengitter vollständig abkühlen lassen.

Malzbierbrot

Programme: „Teig "oder „Brotteig kneten" und anschließend „nur Backen"

Ergibt ein Brot von ca. 800 g

250 g Weizenmehl Type 550
200 g Weizenvollkornmehl
50 g Roggenmehl Type 1150
½ TL (1,5 g) Trockenhefe
10 g (2 TL) Salz
250 ml Malzbier
ca. 100 ml Wasser, kühl

ZUBEREITUNG:
Alle Zutaten in die Backform des Brotbackautomaten füllen, Deckel schließen und Programm „Teig" oder „Brotteig kneten" starten. Den Automaten 10 Minuten kneten lassen, dabei mit einem Teigschaber die Restmehlecken zusammenkratzen, damit alles gut vermischt wird. Anschließend das Programm mit der „Stopp"-Taste beenden. Den Teig 2–3 Stunden in der Backform im Automaten reifen lassen. Dann den Teig aus der Backform nehmen und auf einer bemehlten Arbeitsfläche rund wirken und formen. Den Knethaken entfernen. Den geformten Laib zurück in die Backform legen und den Deckel des Automaten schließen. Die Teigreife ist am fast verdoppelten Teigvolumen zu erkennen was nach ca. 45–60 Minuten der Fall sein sollte. Anschließend das Programm „Backen" für 60 Minuten starten. Nach dem Backen das Brot aus der Form stürzen und auf einem Kuchengitter vollständig abkühlen lassen.

Malzbierbrot

TIPP

Für ein veganes Brot können Sie die Buttermilch durch 60 g pflanzlichen Joghurt und 60 ml Wasser ersetzen.

TIPP

Die Sonnenblumenkerne können Sie auch gegen Kürbiskerne austauschen.

Körnerkasten

Körnerkasten

Programme: „Teig "oder „Brotteig kneten" und anschließend „nur Backen"

Ergibt ein Brot von ca. 590 g

125 g Weizen-Vollkornmehl
125 g Weizenmehl Type 550
¼ TL (0,75 g) Trockenhefe
5 g (1 TL) Salz
5 g (1 TL) Rohrohrzucker
40 g Sonnenblumenkerne
20 g feine Haferflocken
10 g Leinsamen
100 g Naturjoghurt (3,5 % Fett)
10 ml (1 EL) Olivenöl
150 ml Wasser, lauwarm

Außerdem:
Sonnenblumenkerne oder Haferflocken zum Bestreuen der Teigoberfläche

ZUBEREITUNG:
Alle Zutaten in die Backform des Brotbackautomaten füllen, Deckel schließen und Programm „Teig" oder „Brotteig kneten" starten. Den Automaten etwa 5 Minuten rühren lassen, dabei mit einem Teigschaber die Restmehlecken zusammenkratzen, damit alles gut vermischt wird. Anschließend das Programm mit der „Stopp"-Taste beenden. Den Knethaken entfernen. Mit einem angefeuchteten Teigschaber den Teig glattstreichen, die Oberfläche mit Sonnenblumenkernen oder Haferflocken bestreuen. Den Teig 4–5 Stunden in der Form im Automaten reifen lassen. Die Teigreife ist am fast verdoppelten Teigvolumen zu erkennen. Dann das Programm „Backen" für 60 Minuten starten. Nach dem Backen das Brot aus der Form stürzen und auf einem Kuchengitter vollständig abkühlen lassen.

Dinkelvollkornbrot

Programme: „Teig "oder „Brotteig kneten" und anschließend „nur Backen"

Ergibt ein Brot von ca. 500 g

250 g Dinkelvollkornmehl
⅛ TL (0,5 g) Trockenhefe
1,5 g (1 TL) gemahlene Flohsamenschalen
30 g (3 EL) Sonnenblumenkerne
10 g (1 EL) Leinsamen
10 g (1 EL) Sesamsamen
5 g (1 TL) Salz
5 g (1 TL) Rohrohrzucker
10 ml (1 EL) Orangensaft
5 ml (1 TL) Olivenöl
120 ml Buttermilch
90 ml Wasser, kühl

Außerdem:
Sonnenblumenkerne oder Sesam zum Bestreuen der Teigoberfläche

ZUBEREITUNG:
Alle Zutaten in die Backform des Brotbackautomaten füllen, Deckel schließen und Programm „Teig" oder „Brotteig kneten" starten. Den Automaten etwa 5 Minuten rühren lassen, dabei mit einem Teigschaber die Restmehlecken zusammenkratzen, damit alles gut vermischt wird. Anschließend das Programm mit der „Stopp"-Taste beenden. Den Knethaken entfernen. Mit einem angefeuchteten Teigschaber den Teig glattstreichen und die Teigoberfläche mit Sonnenblumenkernen oder Sesam bestreuen. Den Teig 5–8 Stunden in der Form im Automaten reifen lassen. Die Teigreife ist am fast verdoppelten Teigvolumen zu erkennen. Dann das Programm „Backen" für 60 Minuten starten. Nach dem Backen das Brot aus der Form stürzen und abkühlen lassen.

Joghurtbrot

Programme: „Teig "oder „Brotteig kneten" und anschließend „nur Backen"

Ergibt ein Brot von ca. 750 g

250 g Weizenmehl Type 1050
200 g Weizenmehl Type 550
50 g Roggenmehl Type 1150
¼ TL (0,75 g) Trockenhefe
12 g (1 EL) Salz
5 g (1 TL) Zucker
150 g Naturjoghurt (3,5 % Fett)
ca. 200 ml Wasser, kühl

ZUBEREITUNG:
Alle Zutaten in die Backform des Brotbackautomaten füllen, Deckel schließen und Programm „Teig" oder „Brotteig Kneten" starten. Den Automaten etwa 5 Minuten kneten lassen, dabei mit einem Teigschaber die Restmehlecken zusammenkratzen, damit alles gut vermischt wird. Anschließend das Programm mit der „Stopp"-Taste beenden. Den Knethaken entfernen. Mit einem angefeuchteten Teigschaber den Teig glattstreichen und den Teig 4–5 Stunden in der Form im Automaten reifen lassen. Die Teigreife ist am fast verdoppelten Teigvolumen zu erkennen. Dann das Programm „Backen" für 60 Minuten starten. Nach dem Backen das Brot aus der Form stürzen und auf einem Kuchengitter vollständig abkühlen lassen.

Hartweizenbrot

Programme: „Teig "oder „Brotteig kneten" und anschließend „nur Backen"

Ergibt ein Brot von ca. 800 g

250 g Hartweizengrieß (Semola
250 g Weizenmehl Type 550
¼ TL (0,75 g) Trockenhefe
10 g (2 TL) Salz
1 EL (10 g) Olivenöl
ca. 330 ml Wasser, kühl

ZUBEREITUNG:
Alle Zutaten in die Backform des Brotbackautomaten füllen, Deckel schließen und Programm „Teig" oder „Brotteig kneten" starten. Den Automaten 10 Minuten kneten lassen, dabei mit einem Teigschaber die Restmehlecken zusammenkratzen, damit alles gut vermischt wird. Anschließend das Programm mit der „Stopp"-Taste beenden. Den Teig 6–8 Stunden in der Form im Automaten reifen lassen. Anschließend den Teig aus der Backform holen und auf einer bemehlten Arbeitsfläche rund wirken und formen. Den Knethaken entfernen. Den geformten Laib zurück in die Backform legen und den Deckel des Automaten schließen. Nach etwa 45–60 Minuten, erkennen Sie die Teigreife an dem fast verdoppelten Teigvolumen, dann das Programm „Backen" für 60 Minuten starten. Nach dem Backen das Brot aus der Form stürzen und auf einem Kuchengitter vollständig abkühlen lassen.

Hartweizenbrot

TIPP

Hartweizengrieß ist vor allem als Zutat in Nudelteigen bekannt. Er verleiht dem Brot eine schöne gelbe Farbe und etwas mehr Biss.

Dinkelvollkornbrot
mit Brühstück

Mischbrot

Programme: „Teig "oder „Brotteig kneten" und anschließend „nur Backen"

Ergibt ein Brot von ca. 800 g

250 g Weizenmehl Type 1050
150 g Roggenmehl Type 1150
100 g Weizenmehl Type 550
¼ TL (0,75 g) Trockenhefe
12 g (2 TL) Salz
5 g (1 TL) Honig
ca. 320 ml Wasser, kühl

ZUBEREITUNG:
Alle Zutaten in die Backform des Brotbackautomaten füllen, Deckel schließen und Programm „Teig" oder „Brotteig kneten" starten. Den Automaten 15 Minuten kneten lassen, dabei mit einem Teigschaber die Restmehlecken zusammenkratzen, damit alles gut vermischt wird. Anschließend das Programm mit der „Stopp"-Taste beenden. Den Teig 2 Stunden in der Form im Automaten reifen lassen. Anschließend den Teig aus der Backform nehmen und auf einer bemehlten Arbeitsfläche rund wirken und formen. Den Knethaken entfernen. Den geformten Laib zurück in die Backform legen und zugedeckt für 12 Stunden zum Reifen bei 5–6 °C in den Kühlschrank stellen. Backform mit Teig 1 Stunde vor Backbeginn aus dem Kühlschrank holen und in den Automaten setzen, Deckel schließen. Die Teigreife ist am fast verdoppelten Teigvolumen zu erkennen. Nach 1 Stunde dann das Programm „Backen" für 60 Minuten starten. Nach dem Backen das Brot aus der Form stürzen und auf einem Kuchengitter vollständig abkühlen lassen.

Dinkelvollkornbrot mit Brühstück

Programme: „Teig "oder „Brotteig kneten" und anschließend „nur Backen"

Ergibt ein Brot von ca. 1000 g

Brühstück:
50 g Dinkelvollkornmehl
100 ml Wasser, kochend

Hauptteig:
Brühstück
500 g Dinkelvollkornmehl
½ TL (1,5 g) Trockenhefe
10 g (2 TL) Salz
80 g Naturjoghurt
ca. 270 ml Wasser, kühl

VORBEREITUNG:
Das Mehl mit dem kochenden Wasser überbrühen und mit einem Kochlöffel verrühren. Zugedeckt abkühlen lassen.

ZUBEREITUNG:
Alle Zutaten in die Backform des Brotbackautomaten füllen und Programm „Teig" oder „Brotteig kneten" starten. Den Automaten etwa 10 Minuten kneten lassen, dabei mit einem Teigschaber die Restmehlecken zusammenkratzen, damit alles gut vermischt wird. Anschließend das Programm mit der „Stopp"-Taste beenden. Den Teig etwa 6–8 Stunden in der Form im Automaten reifen lassen. Anschließend den Teig aus der Backform nehmen und auf einer bemehlten Arbeitsfläche rund wirken und formen. Den Knethaken entfernen. Den geformten Laib zurück in die Backform legen. Die Teigreife ist am fast verdoppelten Teigvolumen zu erkennen. Nach etwa 45–60 Minuten, das Programm „Backen" für 60 Minuten starten.

Bauernbrot

Programme: "Langzeitprogramm", „Normal" oder „Teig und Backen"

Ergibt ein Brot von ca. 800 g

Vorteig:
125 g Weizenmehl Type 550
85 ml Wasser
0,5 g (⅛ TL) Trockenhefe
3 g (½ TL) Salz

Hauptteig:
gereifter Vorteig
250 g Weizenmehl Type 1050
100 g Roggenvollkornmehl
½ TL (1,5 g) Trockenhefe
5 g (1 TL) Salz
10 g Honig
10 g Butter
ca. 240 ml Wasser, kühl

VORBEREITUNG:
Die Zutaten für den Vorteig von Hand kurz zu einem mittelfesten Teig kneten. Den Vorteig abgedeckt für 1 Stunde bei Raumtemperatur reifen lassen, dann für 12–24 Stunden bei 5–6 °C zum Reifen in den Kühlschrank stellen.

ZUBEREITUNG:
Alle Zutaten in die Backform des Brotbackautomaten füllen, Deckel schließen und ein Programm mit einer Gesamtlaufzeit von 3–4 Stunden auswählen. Nach dem Backen das Brot aus der Form stürzen und auf einem Kuchengitter vollständig abkühlen lassen.

Walnussbrot

Programme: „Teig "oder „Brotteig kneten" und anschließend „nur Backen"

Ergibt ein Brot von ca. 950 g

400 g Weizenmehl Type 1050
100 g Roggenmehl Type 1150
½ TL (1,5 g) Trockenhefe
10 g (2 TL) Salz
5 g (1 TL) Zucker
80 g Walnüsse grob gehackt
140 ml Vollmilch (3,5 % Fett)
ca. 220 ml Wasser, kühl

ZUBEREITUNG:
Alle Zutaten in die Backform des Brotbackautomaten füllen, Deckel schließen und Programm „Teig" oder „Brotteig kneten" starten. Den Automaten 10 Minuten kneten lassen, dabei mit einem Teigschaber die Restmehlecken zusammenkratzen, damit alles gut vermischt wird. Anschließend das Programm mit der „Stopp"-Taste beenden. Den Teig 6–8 Stunden in der Form im Automaten reifen lassen. Anschließend den Teig aus der Backform holen und auf einer bemehlten Arbeitsfläche rund wirken und formen. Den Knethaken entfernen. Den geformten Laib wieder zurück in die Backform legen und den Deckel des Automaten schließen. Nach etwa 45–60 Minuten, erkennen Sie die Teigreife an dem fast verdoppelten Teigvolumen, dann das Programm „Backen" für 60 Minuten starten. Nach dem Backen das Brot aus der Form stürzen und auf einem Kuchengitter vollständig abkühlen lassen.

Walnussbrot

WAS SIND KARTOFFELFLOCKEN?

Kartoffelflocken sind eine ideale Backzutat, um ein gutes Aroma zu erzielen und die Frischhaltung des Brotes zu verlängern. Anders als Kartoffelmehl, das aus rohen Kartoffeln gewonnen wird, werden die Kartoffelflocken aus gedämpften Kartoffeln hergestellt. Sie binden hervorragend Wasser und sorgen im Brot dafür, dass dieses saftig bleibt.

Kaffeebrot

Programme: „Teig “oder „Brotteig kneten“ und anschließend „nur Backen“

Ergibt ein Brot von ca. 900 g

300 g Weizenmehl Type 550
180 g Weizenmehl Type 1050
20 g Roggenmehl Type 1150
½ TL (1,5 g) Trockenhefe
12 g (2 ½ TL) Salz
5 g (1 TL) Muskovado-Zucker
170 ml Buttermilch, kühl
ca. 220 ml Kaffee, kühl

ZUBEREITUNG:
Alle Zutaten in die Backform des Brotbackautomaten füllen, Deckel schließen und Programm „Teig“ oder „Brotteig kneten“ starten. Den Automaten 20 Minuten kneten lassen, dabei mit einem Teigschaber die Restmehlecken zusammenkratzen, damit alles gut vermischt wird. Anschließend das Programm mit der „Stopp“-Taste beenden. Den Teig 4–6 Stunden in der Form im Automaten reifen lassen. Anschließend den Teig aus der Backform nehmen und auf einer bemehlten Arbeitsfläche rund wirken und formen. Den Knethaken entfernen. Den geformten Laib zurück in die Backform legen und den Deckel des Automaten schließen. Nach etwa 45–60 Minuten, erkennen Sie die Teigreife an dem fast verdoppelten Teigvolumen, dann das Programm „Backen“ für 60 Minuten starten. Nach dem Backen das Brot aus der Form stürzen und auf einem Kuchengitter vollständig abkühlen lassen.

Kartoffelflockenbrot

Programme: “Langzeitprogramm“, „Normal“ oder „Teig und Backen“

Ergibt ein Brot von ca. 800 g

Vorteig:
125 g Weizenmehl Type 550
85 ml Wasser
0,5 g (⅛ TL) Trockenhefe
3 g (½ TL) Salz

Hauptteig:
gereifter Vorteig
450 g Weizenmehl Type 1050
40 g Kartoffelflocken
½ TL (1,5 g) Trockenhefe
10 g (2 TL) Salz
5 g (1 TL) Rohrohrzucker
15 g Butter
150 ml Vollmilch (3,5 % Fett), Raumtemperatur
ca. 210 ml Wasser, handwarm

VORBEREITUNG:
Die Zutaten für den Vorteig von Hand kurz zu einem mittelfesten Teig kneten. Den Vorteig abgedeckt für 1 Stunde bei Raumtemperatur reifen lassen, dann bei 5–6 °C für 12–24 Stunden in den Kühlschrank stellen.

ZUBEREITUNG:
Alle Zutaten in die Backform des Brotbackautomaten füllen, Deckel schließen und ein Programm mit einer Gesamtlaufzeit von 3–4 Stunden auswählen. Nach dem Backen das Brot aus der Form stürzen und auf einem Kuchengitter vollständig abkühlen lassen.

Kaffeebrot

TEIGVARIANTEN IM OFEN GEBACKEN – PIZZA, FOCCACIA & CO.

Gaumenfreude für jeden Anlass. Ob Pizza, Foccacia oder Baguette – mit dem Programm „Teig" oder nur „Kneten" lassen sich Gebäcke mit langer Gehzeit optimal herstellen und der Vielfalt sind keine Grenzen gesetzt. Nehmen Sie den Teig aus dem Automaten und verarbeiten Sie ihn wie im Rezept angegeben weiter. Gebacken wird im Anschluss im Haushaltsofen.

Focaccia

Programme: „Teig" oder „Kneten" für 20 Minuten, gebacken wird im Backofen

Für ½ Backblech oder eine runde Backform von 28–32 cm ø

450 g Weizenmehl Type 550
25 g Dinkelvollkornmehl
25 g Hartweizengrieß
½ TL (1,5 g) Trockenhefe
10 g (2 TL) Salz
380 ml Wasser
20 ml (2 EL) Olivenöl

Außerdem:
Olivenöl für das Blech und zum Bestreichen
grobes Meersalz oder Fleur de Sel zum Bestreuen

ZUBEREITUNG:
Alle Zutaten für den Teig in die Backform füllen, Deckel schließen und das Programm „Teig" oder „Kneten" 20 Minuten nur kneten lassen. Anschließend den Teig aus der Backform nehmen und mit den Händen etwas zusammenkneten, dehnen und zusammenfalten. Die Teigkugel in eine leicht eingeölte Schüssel geben und mit Frischhaltefolie abdecken. Den Teig 12–24 Stunden zum Reifen bei 5–6 °C in den Kühlschrank stellen. Den Teig auf einer bemehlten Arbeitsfläche zu einem Fladen ziehen und auf ein gefettetes Backblech drücken. Focaccia großzügig mit Olivenöl bestreichen und mit allen zehn Fingerspitzen Vertiefungen in den Teig drücken. Teig abgedeckt etwa 1 Stunde ruhen lassen. Den Backofen rechtzeitig auf 250 °C Ober-/Unterhitze vorheizen. Meersalz oder Fleur de Sel aufstreuen und die Focaccia etwa 25–30 Minuten im vorgeheizten Backofen backen.

Focaccia

TIPP

Je nach Wunsch können Sie zusammen mit dem Olivenöl noch Kräuter wie Rosmarin oder Thymian, fein gehackte, getrocknete Tomaten oder Röstzwiebeln in den Teig drücken.

Brotfladen nach Flammenkuchenart

Programme: „Teig" oder „Kneten" für 20 Minuten, gebacken wird im Backofen

Für 1 rechteckiges Backblech

450 g Weizenmehl Type 550
50 g Roggenmehl Type 1150
½ TL (1,5 g) Trockenhefe
10 g (2 TL) Salz
350 ml Wasser
10 ml (1 EL) Olivenöl

Außerdem:
Olivenöl für das Blech und zum Bestreichen
200 g Schmand, Creme fraîche oder Speisequark
1 große Zwiebeln, halbiert und in dünne Ringe geschnitten
100 g Speck, in kleine Würfel geschnitten
100 g Käse (Gouda, Bergkäse oder Emmentaler), grob gerieben
1 EL frische Kräuter (z. B. Petersilie, Schnittlauch) fein gehackt

ZUBEREITUNG:

Alle Zutaten für den Teig in die Backform füllen, Deckel schließen und das Programm „Teig" oder „Kneten" 20 Minuten nur kneten lassen. Anschließend den Teig aus der Backform nehmen und mit den Händen etwas zusammenkneten, dehnen und zusammenfalten. Die Teigkugel in eine leicht eingeölte Schüssel geben und mit Frischhaltefolie abdecken. Den Teig 12–24 Stunden zum Reifen bei 5–6 °C in den Kühlschrank stellen.
Den Teig auf eine bemehlten Arbeitsfläche geben und zu einem großen Fladen drücken oder ausrollen. Er muss nicht das ganze Backblech ausfüllen, der Teig sollte etwa 1–1,5 cm dick sein. Auf Backpapier oder ein gefettetes Backblech legen (siehe Tipp) und etwas flach drücken. Die Teigoberfläche mit etwas Olivenöl bestreichen und mit allen zehn Fingerspitzen kleine Vertiefungen in den Teig drücken. Den Teig gleichmäßig mit dem Schmand bestreichen, dabei ringsherum einen Rand von 1–2 cm frei lassen. Die Zwiebelringe und Speckwürfel auf dem Schmand verteilen. Anschließend den geriebenen Käse darüberstreuen. Den Teig abgedeckt etwa 30–45 Minuten ruhen lassen. Den Backofen rechtzeitig auf 250 °C Ober-/Unterhitze vorheizen. Nach der Ruhezeit den Brotfladen auf dem Backpapier auf ein Backblech oder einen Backstein ziehen und im vorgeheizten Ofen etwa 15–20 Minuten backen. Den Brotfladen mit den Kräutern bestreuen.

TIPP

Den Belag können Sie flexibel variieren. Eine sehr leckere Ergänzung sind Kartoffeln. Sie können für das Rezept bereits gekochte Kartoffeln vom Vortag verwenden: einfach in Scheiben schneiden und auf den Teig legen.

BACKEN AUF DEM BACKSTEIN ODER VORGEHEIZTEM BACKBLECH

Die besten Ergebnisse erzielen Sie mit einem Backstein. Wenn Sie keinen Backstein haben, schieben Sie ein Backblech auf der mittleren Einschubleiste in den Ofen und heizen Sie es mit vor. Der Brotfladen wird mit dem Backpapier dann einfach auf das heiße Blech geschoben und darauf gebacken.

Pizzaböden

Programme: „Teig“ oder „Kneten“ für 15 Minuten, gebacken wird im Backofen

Ergibt 3 Stück

350 g Weizenmehl Type 550
30 g Dinkelvollkornmehl
30 g Hartweizenmehl oder Hartweizengrieß (Semola)
½ TL (1,5 g) Trockenhefe
10 g Salz
250 ml Wasser, eiskalt
10 ml Olivenöl

Außerdem:
Speiseöl und Zutaten für den Belag.

ZUBEREITUNG:
Alle Zutaten in die Backform füllen und das Programm „Teig“ oder „Kneten“ 15 Minuten kneten lassen. Das Programm beenden, den Teig aus der Backform nehmen und auf eine bemehlte Arbeitsfläche legen. Den Teig in drei gleich große Stücke teilen und daraus straffe Kugeln formen. Die Teigkugeln auf ein leicht eingeöltes Blech geben, die Oberseite mit Speiseöl bestreichen und mit Frischhaltefolie abdecken. Den Teig für 24–48 Stunden zum Reifen bei 5–6 °C in den Kühlschrank stellen. Nach der Reifezeit den Backofen auf 250 °C Ober-/Unterhitze vorheizen. Die Teigböden auf einer bemehlten Arbeitsfläche zu Pizzaböden formen, dazu in beliebige Größe drücken, ziehen oder ausrollen und nach Wunsch belegen. Die Pizza schnell auf ein Backblech oder einen Pizzastein ziehen (siehe dazu den Tipp **Seite 94**). Dies geht am einfachsten mit einem Pizzaschieber, gelingt aber auch ohne, eventuell mit Hilfe eines untergelegten Stücks Backpapier. Den Backofen, falls verfügbar, auf Grillfunktion, schalten und die Pizza in 5–8 Minuten knusprig backen.

TIPP

Auf die Teigböden Tomatensoße, Schmand, Creme fraîche oder Pesto streichen, eventuell geriebenen Käse aufstreuen (geriebener Käse kommt grundsätzlich unter den Belag) und dann nach Geschmack mit weiteren Zutaten belegen. Folgen hier bitte dem Motto: „Weniger ist mehr“, denn zu viel Belag auf dem Teigböden macht die Pizza matschig.

PIZZAMEHLE, WELCHER TYP, WELCHE TYPE – WELCHER TIPO?

Im Handel gibt es spezielle Pizzamehle, bei denen es sich meist um ein Weizenmehl der Type 405 oder 550 mit erhöhtem Proteingehalt (12–14 %) oder eine Mischung aus Weizenmehl und Hartweizengrieß handelt. Italienische Mehle tragen die Bezeichnungen Typ00 oder Tipo00, diese machen den Teig besonders elastisch und locker.

Pizzaböden mit Sauerteig und Vollkorn

Programme: „Teig" oder „Kneten" für 15 Minuten, gebacken wird im Backofen

Ergibt 3 Stück

350 g Dinkelvollkornmehl, fein gemahlen
100 g RoggenSauerteig (gereift und triebstark)
12 g Salz
250 ml Wasser, eiskalt

Außerdem:
Speiseöl und Zutaten für den Belag.

ZUBEREITUNG:
Alle Zutaten in die Backform füllen und das Programm „Teig" oder „Kneten" 15 Minuten kneten lassen. Das Programm beenden, den Teig aus der Backform nehmen und auf eine bemehlte Arbeitsfläche legen. Teilen Sie den Teig in drei gleichgroße Stücke und formen Sie straffe Kugeln daraus. Den Teig in drei gleich große Stücke teilen und daraus straffe Kugeln formen. Die Teigkugeln auf ein leicht eingeöltes Blech geben, die Oberseite mit Speiseöl bestreichen und mit Frischhaltefolie abdecken. Den Teig für 24–48 Stunden zum Reifen bei 5–6 °C in den Kühlschrank stellen. Den Backofen auf 250 °C Ober-/Unterhitze vorheizen. Den Backofen auf 250 °C Ober-/Unterhitze vorheizen. Die Teigböden auf einer bemehlten Arbeitsfläche zu Pizzaböden formen, dazu in beliebige Größe drücken, ziehen oder ausrollen und nach Wunsch belegen. Die Pizza schnell auf ein Backblech oder einen Pizzastein ziehen (siehe dazu den Tipp **Seite 94**). Dies geht am einfachsten mit einem Pizzaschieber, gelingt aber auch ohne, eventuell mit Hilfe eines untergelegten Stücks Backpapier. Den Backofen, falls verfügbar, auf Grillfunktion, schalten und die Pizza in 5–8 Minuten knusprig backen.

Baguette

Programme: „Teig“ oder „Kneten“ für 20 Minuten, gebacken wird im Backofen

Ergibt 3 Baguettes

480 g Weizenmehl Type 550
20 g Roggenmehl Type 1150
½ TL (1,5 g) Trockenhefe
330 ml Wasser, kalt
10 g (2 TL) Salz

Außerdem:
Speiseöl zum Einfetten des Behälters

ZUBEREITUNG:
Alle Zutaten in die Backform füllen und das Programm „Teig“ oder „Kneten“ 15–20 Minuten kneten lassen. Das Programm beenden, den Teig aus der Backform nehmen und in eine mit Speiseöl bestrichene Teigschüssel legen. Die Teig-Oberseite ebenfalls mit Speiseöl bestreichen und mit einer Frischhaltefolie abdecken. Diese 18–24 Stunden bei 5–6 °C zum Reifen in den Kühlschrank stellen. Nach der Reifezeit den Teig in drei gleich große Stücke teilen und straffe, kurze Rollen daraus formen. Diese bei Raumtemperatur 30 Minuten mit Folie oder einem Geschirrhandtuch abgedeckt ruhen lassen. Anschließend die Teigrollen zu straffen, langen Stangen formen und auf ein gut eingefettetes Baguetteblech oder auf ein mit Backpapier belegtes Backblech legen. Die Teigstangen abgedeckt für etwa 45 Minuten bei Raumtemperatur ruhen lassen. In der Zwischenzeit den Backofen mit einem Gitterrost und einem zusätzlichen leeren Backblech in der unteren Rille oder einer feuerfesten Schüssel gefüllt mit Lavasteinen oder Edelstahlschrauben auf 240 °C Umluft vorheizen. Kurz vor dem Einschieben in den Ofen die Teigoberfläche jedes Baguettes mit einem scharfen Messer dreimal länglich etwa 3–4 mm tief einschneiden. Anschließend das Baguetteblech auf den Gitterrost schieben und Wasserdampf erzeugen. Dazu etwa 100–200 ml Wasser in die feuerfeste Schüssel oder auf das leere Backblech schütten und anschließend schnell die Backofentür schließen. Die Backtemperatur auf 220 °C senken, nach 12 Minuten die Ofentür öffnen, damit der Wasserdampf entweichen kann. Die Baguettes für weitere 5–10 Minuten goldbraun ausbacken. Nach dem Backen die Baguettes auf einem Küchengitter abkühlen lassen.

VIVE LA FRANCE. T 65 BAGUETTEMEHL UND BAGUETTEBLECH

- Was in Italien das Pizzamehl ist, ist in Frankreich das Baguettemehl. Für knusprige, luftige Baguettes mit leichter Süße wird ein französisches Weizenmehl mit dem Namen T 65 verwendet. Es hat die typischen Eigenschaften, die für ein klassisches französisches Baguette nötig sind. Ein Qualitätsmerkmal ist das „Label Rouge“.
- Ein Baguetteblech ist leicht gewölbt, damit die unten abgerundete Baguetteform entsteht. Das Blech ist mit vielen kleinen Löcher perforiert, damit beim Backen die Hitze im Ofen zirkulieren kann und somit das Baguette eine knusprige Kruste bekommt.

BRÖTCHEN

Auch Brötchen gelingen mit Hilfe des Brotbackautomaten wunderbar und auf einfache Weise. Hier finden Sie die wichtigsten Tipps zur Herstellung von Brötchen:

Stellen Sie den Teig laut Rezept im Brotbackautomaten mit dem Programm „Teig" her. Das Programm „Teig" läuft vollautomatisch in etwa 1,5 Stunden ab. Alternativ nutzen Sie ein beliebiges Programm für 15–20 Minuten, um den Teig nur zu kneten und brechen dann mit der Stopptaste das Programm ab. Anschließend lassen Sie den Teig im Brotbackautomaten für etwa 1 Stunde ruhen.

Wiegen oder teilen Sie den Teig in gleichmäßig große Stücke von etwa 80–100 g.

Formen Sie nun kleine Bällchen, Kugeln oder längliche Brötchen. Achten Sie darauf, dass im Teig eine Spannung entsteht, indem Sie behutsam Druck ausüben.

Setzen Sie die geformten Brötchen je nach Rezeptangabe mit dem Schluss nach oben auf ein Backpapier, Leinentuch oder Backblech und lassen sie diese abgedeckt bei Raumtemperatur, falls nicht anders im Rezept angegeben, etwa 1 Stunde ruhen. Die Zeitangaben sind immer abhängig von der Triebkraft des Teiges, der Raumtemperatur und der Rezeptur. Der ideale Zeitpunkt ist meistens erreicht, wenn sich die Teiglinge vergrößert bis verdoppelt haben. Drücken Sie leicht mit dem Finger auf die Teigoberfläche, bis eine Delle entsteht. Dauert es eine Weile, bis sie in ihre Ursprungsform zurückgeht, ist die Endreife erreicht.

Die Brötchen können jetzt mit dem Schluss nach unten auf ein mit Backpapier belegtes Backblech gesetzt werden. Je nach Wunsch können Sie auch die Teiglinge noch mit einem scharfen Messer einschneiden und mit Wasser besprühen.

Heizen Sie den Backofen auf mindestens 230 °C Ober-Unterhitze vor. Optimal ist es, wenn Sie einen Backstein oder ein umgedrehtes Backblech mit vorheizen, auf das Sie später die Brötchen geben. Das funktioniert gut, wenn Sie die Brötchen auf Backpapier setzen und dieses auf den Backstein oder das Backblech gleiten lassen.

Damit sich die Brötchen optimal entwickeln können, ist Wasserdampf nötig. Er sorgt dafür, dass die Teighaut elastisch bleibt und bei der Hitze nachgeben kann. Um Dampf zu erzeugen, gibt es verschiedene Möglichkeiten. Sie können eine feuerfeste Schale, die mit Edelstahlschrauben oder Lavasteinen gefüllt ist, oder ein zusätzliches leeres Backblech verwenden, das in die untere Einschubleiste eingeschoben wird. Die Schüssel oder das Backblech werden mit vorgeheizt. Bei Backbeginn werden dann 50–80 ml Wasser hineingeschüttet, das Wasser verdampft schlagartig und so wird der sogenannte „Schwaden"

erzeugt. Achten Sie darauf, dass Sie sich nicht mit diesem sehr heißen Wasserdampf verbrühen. Ohne Wasserdampf bleiben die meisten Brötchen kleiner und auf der Oberseite stumpfer.
Eine Alternative zum Bedampfen ist das Backen zwischen zwei Backblechen. Dazu werden zwei Backbleche mit vorgeheizt, eines in der unteren Einschubleiste, das andere umgedreht in der oberen. Die Brötchen werden auf das untere Backblech geschoben.
Hier entsteht ein „Ofen-im-Ofen-Effekt", durch die beim Backen abgegebene Feuchtigkeit wird die Teigoberfläche dehnbar und die Brötchen können schön aufgehen, ähnlich wie beim Bedampfen. Nach 5 Minuten sollte das obere Blech entfernt werden, damit die Brötchen knusprig werden und eine schöne Bräunung erhalten.
Nachdem die Brötchen in den Ofen geschoben wurden, senken Sie die Backofentemperatur auf 210 °C. Nach etwa 5–8 Minuten Backzeit die Backofentür öffnen, damit der Dampf entweichen kann und die Brötchen knusprig ausbacken. Anschließend die Brötchen auf einem Küchengitter vollständig abkühlen lassen.

Schnittbrötchen

Programm: „Teig“, gebacken wird im Backofen

Ergibt 9 Brötchen

Vorteig:
125 g Weizenmehl Type 550
1 Prise Trockenhefe, entspricht 0,1 g
75 ml Wasser, kühl

Hauptteig:
gereifter Vorteig
360 g Weizenmehl Type 550
20 g (2 EL) Roggenmehl Type 1150
¾ TL (2,25 g) Trockenhefe
etwa 180 ml Wasser, lauwarm
50 ml Vollmilch (3,5 % Fett), Raumtemperatur
10 g Butter, kalt
10 g (1 EL) Salz
10 g Zucker

EIN TEIG = UNZÄHLIGE BRÖTCHENSORTEN

Weitere Varianten lassen sich schnell zaubern, indem Sie dem Teig einige Trockenfrüchte, Schinkenstücke, Käsewürfel, Körner, Samen oder Gewürze wie Kümmel zugeben. Für eine abwechslungsreiche Optik befeuchten Sie die Teigoberfläche mit etwas Wasser oder Milch und bestreuen sie die Brötchen mit Körnern, Schrot oder Saaten wie Sesam, Mohn oder Sonnenblumenkernen. Auch das Eindrücken des Teiges mit Hilfe eines Kochlöffels oder Semmeldrückers bringt immer neue optische Variationen hervor.

VORBEREITUNG:
Die Zutaten für den Vorteig von Hand kurz zu einem festen Teig kneten. Den Vorteig abgedeckt bei Raumtemperatur für 10–12 Stunden reifen lassen. Die Vorteigreife können Sie an dem fast verdoppelten Teigvolumen erkennen.

ZUBEREITUNG:
Alle Zutaten in die Backform füllen und das Programm „Teig“ starten. Nach Programmende den Teig auf eine leicht bemehlte Arbeitsfläche geben und 9 Stücke à 90 g abwiegen. Die Teigstücke rund wirken, straff zu Kugeln formen und 10 Minuten abgedeckt entspannen lassen. Mit leichtem Druck und gewölbter Handfläche, ohne dass der Teig reisst, zu einem länglichen Spitzbrötchen rollen. Mit dem Schluss unten auf Backpapier setzen und abgedeckt erneut etwa 1 Stunde ruhen lassen. Nach der Ruhezeit die Teiglinge mit einem scharfen Wellenschliffmesser senkrecht der Länge nach einschneiden. Backzeit etwa 18–20 Minuten. Zum Backen siehe die Hinweise auf **Seite 98**.

VEGANE BRÖTCHEN

Für eine vegane Variante eignet sich statt Butter dieselbe Menge mildes Kokosöl sowie Pflanzenmilch statt Kuhmilch.

Mischbrötchen

Programm: „Teig“, gebacken wird im Backofen

Ergibt 9 Brötchen

250 Weizenmehl Type 550
200 g Roggenmehl Type 1150
½ TL (1,5 g) Trockenhefe
30 g Roggen-Sauerteiganstellgut (aus dem Kühlschrank) oder gekauter, flüssiger Sauerteig
10 g Butter, weich
10 g (2 TL) Salz
ca. 280 ml Wasser, lauwarm

Außerdem:
Sesam, Sonnenblumenkerne oder Haferflocken zum Bestreuen

ZUBEREITUNG:
Alle Zutaten in die Backform füllen und Programm „Teig“ starten. Nach Programmende den Teig auf eine leicht bemehlte Arbeitsfläche geben und 9 Stücke à 90 g abwiegen. Die Teigstücke rund wirken und straff zu Kugeln formen. Die Teiglinge mit Wasser befeuchten und in Saaten wie Sesam, Sonnenblumenkerne oder Haferflocken drücken. Mit dem Schluss nach unten abgedeckt erneut etwa 1–1,5 Stunden ruhen lassen. Nach der Ruhezeit die Teiglinge in etwa 18–20 Minuten goldgelb ausbacken. Zum Backen siehe die Hinweise auf **Seite 98**.

Mischbrötchen

Doppelweck

Programm: „Teig“, gebacken wird im Backofen

Ergibt 10 Brötchen

Vorteig:
125 g Weizenmehl Type 550
1 Prise Trockenhefe, entspricht 0,1 g
75 ml Wasser, kühl

Hauptteig:
gereifter Vorteig
280 g Weizenmehl Type 550
100 g Weizenmehl Type 1050
¾ TL (2,25 g) Trockenhefe
ca. 210 ml Wasser, kühl
10 g (2 TL) Salz
8 g Honig

Außerdem:
Speiseöl zum Bestreichen

VORBEREITUNG:
Die Zutaten für den Vorteig von Hand kurz zu einem festen Teig kneten. Den Vorteig abgedeckt bei Raumtemperatur für 10–12 Stunden reifen lassen. Die Vorteigreife können Sie an dem fast verdoppelten Teigvolumen erkennen.

ZUBEREITUNG:
Alle Zutaten in die Backform füllen und das Programm „Teig“ starten. Nach Programmende den Teig auf eine leicht bemehlte Arbeitsfläche geben und 10 Stücke à 80 g abwiegen. Die Teigstücke rund wirken, straff zu Kugeln formen und paarweise aneinandersetzen, die Berührungsflächen mit Speiseöl bestreichen. Mit dem Schluss nach unten auf Backpapier setzen und abgedeckt etwa 1 Stunde ruhen lassen. Nach der Ruhezeit die Teiglinge mit Roggenmehl abstauben. Dazu 1 EL Roggenmehl in ein Küchensieb geben und damit die Teiglinge leicht bestauben. In etwa 18–20 Minuten goldbraun backen. Zum Backen siehe die Hinweise auf **Seite 98**.

Roggenbrötchen

Programm: „Teig“, gebacken wird im Backofen

Ergibt 10 Brötchen

Sauerteig 350 g:
20 g Roggen-Sauerteig-Anstellgut (gereift und triebstark)
180 g Roggenmehl Type 1150
150 ml Wasser, lauwarm

Hauptteig:
Sauerteig
320 g Roggenmehl Type 1150
½ TL (1,5 TL) Trockenhefe
10 g (2 TL) Salz
15 g Zuckerrübensirup
10 g Butter, weich
ca. 180 ml Wasser, lauwarm

VORBEREITUNG:
Die Zutaten für den Vorteig zusammen mischen und den Sauerteig abgedeckt bei etwa 30 °C etwa 10–12 Stunden reifen lassen. Die Vorteigreife können Sie an dem fast verdoppelten Teigvolumen erkennen.

ZUBEREITUNG:
Alle Zutaten in die Backform füllen und Programm „Teig“ starten, etwa 6–8 Minuten kneten lassen, dabei mit einem Teigschaber die Restmehlecken zusammenkratzen, damit alles gut vermischt wird. Anschließend das Programm mit

Doppelweck

der „Stopp“-Taste beenden und den Deckel des Brotbackautomaten schließen. Den Teig etwa 50–60 Minuten bei Raumtemperatur abgedeckt ruhen lassen. Anschließend den Teig aus der Form nehmen und auf einer bemehlten Arbeitsfläche flach zusammendrücken, so dass ein etwa 3–4 cm dickes Rechteck entsteht. Mit einem Teigschaber oder Messer die gewünschte Brötchengröße abschneiden bzw. -stechen. Die Brötchenstücke auf Backpapier setzen und abgedeckt etwa 1 Stunde ruhen lassen. In etwa 18–20 Minuten goldbraun backen. Zum Backen siehe die Hinweise auf **Seite 98**.

Käsebrötchen

Programm: „Teig“ für 15 Minuten Kneten, gebacken wird im Backofen

Ergibt 9 Brötchen

500 g Weizenmehl Type 550
¾ TL (2,25 g) Trockenhefe
320 ml Wasser, kühl
10 g Butter, kalt
10 g (2 TL) Salz
10 g (2 TL) Zuckerrübensirup

Außerdem:
Speiseöl zum Bestreichen und geriebener Käse (Gouda oder Bergkäse)

ZUBEREITUNG:
Alle Zutaten in die Backform füllen und das Programm „Teig“ für 15–20 Minuten starten. Das Programm anschließend beenden, den Teig aus der Backform nehmen und in eine mit Speiseöl bestrichene Teigschüssel legen. Die Teig-Oberseite ebenfalls mit Speiseöl bestreichen und mit Frischhaltefolie abdecken oder die Schüssel mit einem Deckel verschließen. Den Teig 18–24 Stunden bei 5–6 °C zum Reifen in den Kühlschrank stellen. Nach der Reifezeit den Teig auf eine leicht bemehlte Arbeitsfläche geben und 9 Stücke à 90 g abwiegen. Die Teigstücke rund wirken, straff zu Kugeln formen und etwa 60 Minuten Mit dem Schluss nach unten auf Backpapier setzen und abdecken. Kurz vor dem Backen den geriebenen Käse auf die Teigoberfläche aufbringen und die Käsebrötchen für 18–20 Minuten goldbraun backen. Zum Backen siehe Hinweise auf **Seite 98**.

Käsebrötchen

Milchbrötchen

Programm: „Teig“, gebacken wird im Backofen

Ergibt 9 Brötchen

Vorteig:
125 g Weizenmehl Type 550
1 Prise Trockenhefe, entspricht 0,1 g
90 ml Vollmilch (3,5 % Fett), kühl

Hauptteig:
gereifter Vorteig
375 g Weizenmehl Type 550
¾ TL (2,25 g) Trockenhefe
230 ml Vollmilch (3,5 % Fett), kühl
10 g Butter, kalt
10 g (2 TL) Salz

VORBEREITUNG:
Die Zutaten für den Vorteig von Hand kurz zu einem festen Teig kneten. Den Vorteig abgedeckt bei Raumtemperatur 10–12 Stunden reifen lassen. Die Vorteigreife können Sie an dem fast verdoppelten Teigvolumen erkennen.

ZUBEREITUNG:
Alle Zutaten in die Backform füllen und das Programm „Teig“ starten. Nach Programmende den Teig auf eine leicht bemehlte Arbeitsfläche geben und 9 Stücke à 90 g abwiegen. Die Teigstücke rund wirken, straff zu Kugeln formen und 45 Minuten mit dem Schluss nach unten abgedeckt entspannen lassen. Die Teiglinge umdrehen, auf Backpapier setzen und mit einem dünnen Rollholz oder einem Kochlöffelstiel in der Mitte tief, bis zum Boden, eindrücken. Abgedeckt erneut etwa 30–50 Minuten ruhen lassen. Nach der Ruhezeit die Teiglinge in den Ofen schieben und etwa 18–20 Minuten backen.

Weißmehlbrötchen mit Sauerteig

Programm: „Teig“, gebacken wird im Backofen

Ergibt 8 Brötchen

Sauerteig 178 g:
9 g Weizen-Sauerteig-Anstellgut (gereift und triebstark)
90 g Weizenmehl Type 550
90 ml Wasser, lauwarm

Hauptteig:
gereifter Sauerteig
420 g Weizenmehl Type 550
½ TL (1,5 g) Trockenhefe
10 g (2 TL) Salz
10 g (2 TL) Zucker
15 g Butter, weich
ca. 200 ml Wasser, lauwarm

VORBEREITUNG:

Die Zutaten für den Vorteig zusammen mischen und den Sauerteig abgedeckt bei etwa 30 °C etwa 10 Stunden reifen lassen. Die Vorteigreife können Sie an dem fast verdoppelten Teigvolumen erkennen.

ZUBEREITUNG:

Alle Zutaten in die Backform füllen und Programm „Teig“ starten. Nach Programmende den Teig auf eine leicht bemehlte Arbeitsfläche geben und in 8 Stücke à100 g abwiegen. Die Teigstücke rund wirken, straff zu Kugeln formen und 30 Minuten Mit dem Schluss nach oben abgedeckt entspannen lassen. Die Teiglinge anschließend umdrehen, auf Backpapier setzen und mit einem Brötchenstempel für Kaisersemmel in der Mitte tief, bis zum Boden, eindrücken. Abgedeckt erneut etwa 30 Minuten ruhen lassen. Nach der Ruhezeit die Teiglinge in den Ofen schieben und etwa 18–20 Minuten backen. Zum Backen siehe Hinweise auf **Seite 98**.

Krustis

Krustis

Programm: „Teig“, gebacken wird im Backofen

Ergibt 9 Brötchen

Sauerteig 180 g:
60 g Weizen-Sauerteig-Anstellgut (gereift und triebstark)
60 g Weizenmehl Type 550
60 ml Wasser, lauwarm

Hauptteig:
gereifter Sauerteig
220 g Weizenmehl Type 550
½ TL (1,5 g) Trockenhefe
20 ml (2 EL) Speiseöl
8 g Salz
ca. 110 ml Wasser, lauwarm

VORBEREITUNG:
Alle Zutaten zusammen mischen und den Sauerteig abgedeckt bei Raumtemperatur etwa 12–16 Stunden reifen lassen. Die Vorteigreife können Sie an dem fast verdoppelten Teigvolumen erkennen.

ZUBEREITUNG:
Alle Zutaten in die Backform füllen und Programm „Teig" starten. Nach Programmende den Teig auf eine leicht bemehlte Arbeitsfläche geben und in 7 Stücke à 75 g teilen. Die Teigstücke rundwirken, anschließend mit der bemehlten Handfläche leicht flach drücken, eine Seite in die Mitte schlagen und festdrücken. Das Teigstück zusammenrollen, so dass ein rustikaler Schluss entsteht. Mit dem Schluss nach unten auf ein mit Backpapier belegtes Backblech setzen und mit Frischhaltefolie oder einem Leinentuch abdecken. Nach 30–45 Minuten Teigruhe die Brötchen umdrehen und mit dem Schluss nach oben backen, so reißen die Teiglinge rustikal auf, was sie besonders knusprig macht. Zum Backen siehe Hinweise auf **Seite 98**.

Sauerteigbrötchen

Programm: „Teig", gebacken wird im Backofen

Ergibt 9 Brötchen

Sauerteig 330 g:
5 g Roggen-Sauerteig-Anstellgut (gereift und triebstark)
100 g Roggen-Vollkornmehl
50 g Weizen-Vollkornmehl
175 ml Wasser, lauwarm

Hauptteig:
gereifter Sauerteig
350 g Weizenmehl Type 550
½ TL (1,5 g) Trockenhefe
12 g (2 TL) Salz
15 g Honig
10 g Butter, weich
ca. 130 ml Wasser, lauwarm

VORBEREITUNG:
Die Zutaten für den Vorteig von Hand zusammen mischen und den Sauerteig abgedeckt bei etwa 30 °C etwa 6–8 Stunden reifen lassen. Die Vorteigreife können Sie an dem fast verdoppelten Teigvolumen erkennen.

ZUBEREITUNG:
Alle Zutaten in die Backform füllen und Programm „Teig" starten. Nach Programmende den Teig auf eine leicht bemehlte Arbeitsfläche geben und 9 Stücke à 95 g abwiegen. Die Teigstücke rund wirken, straff zu Kugeln formen und etwa 60 Minuten Mit dem Schluss nach unten abgedeckt entspannen lassen. Die Teiglinge umdrehen, auf Backpapier setzen und mit Roggenmehl bestauben. Anschließend die Teiglinge in den Ofen schieben und etwa 18–20 Minuten backen. Zum Backen Hinweise auf **Seite 98**.

SÜSSE BROTE UND KUCHEN

Sie sind etwas Besonderes und sie sind einfach lecker. Und schmecken nicht nur an Sonn- oder Feiertagen. Diese köstlichen und alltagstauglichen Feingebäcke passen auf jeden Frühstückstisch, die Kaffeetafel oder einfach mal für zwischendurch, hier ist für jeden Geschmack etwas dabei.

Hefeteig – Grundrezept für Übernachtgare im Kühlschrank

Programm: „Teig" für ca. 1:20 Stunden

Ergibt 650 g Hefeteig

350 g Weizenmehl Type 550
⅛ TL (0,5 g) Trockenhefe
60 g Butter
20 g (2 EL) Zucker
7 g (1½ TL) Salz
1 Bio-Eigelb, Größe M
180 ml Vollmilch (3,5 % Fett)

Außerdem:
Eistreiche aus 1 verquirlten Eigelb und etwas Milch.

ZUBEREITUNG:
Alle Zutaten in die Backform füllen und Programm „Teig" starten. Nach Programmende den Teig aus dem Automaten nehmen und auf eine leicht bemehlte Arbeitsfläche geben und nach Wunsch aufarbeiten, beispielsweise für einen Hefekuchen, Zopf oder Brötchen. Anschließend die Teiglinge mit verquirltem Ei abstreichen und abgedeckt mit Frischhaltefolie bedeckt für 12–16 Stunden im Kühlschrank bei 5–7 °C reifen lassen. Anschließend das Blech aus dem Kühlschrank nehmen und das Gebäck erneut mit dem verquirlten Ei abstreichen. Bei 200 °C im vorgeheizten Backofen backen. Alternativ den Teig nach Wunsch formen, zurück in die Backform des Automaten geben und ebenfalls im Kühlschrank abgedeckt 12–18 Stunden reifen lassen. Danach im Brotbackautomaten mit dem Programm nur „Backen" ausbacken.

Hefeteig – Grundrezept für Übernachtgare bei Raumtemperatur

Programm: „Teig“

Ergibt 940 g Hefeteig

500 g Weizenmehl Type 550
⅛ TL (0,5 g) Trockenhefe
40 g Zucker
5 g (1 TL) Salz
1 Bio-Ei, Größe M
100 g Butter, kühl, in kleinen Würfeln
250 ml Vollmilch (3,5 % Fett), Raumtemperatur

ZUBEREITUNG:
Alle Zutaten in die Backform des Automaten füllen und Programm „Teig“ starten, Gesamtlaufzeit etwa 1,5 bis 2 Stunden. Nach Programmende den Teig auf eine leicht bemehlte Arbeitsfläche geben und nach Wunsch aufarbeiten, beispielsweise für einen Hefekuchen, Zopf oder Brötchen. Diese auf ein gefettetes oder mit Backpapier belegtes Blech legen. Anschließend das Gebäck mit verquirltem Ei abstreichen und mit Frischhaltefolie abgedeckt für 8–10 Stunden bei Raumtemperatur (18–20 °C) reifen lassen. Anschließend das Gebäck erneut mit dem verquirlten Ei abstreichen. Alternativ den Teig nach Wunsch formen, zurück in die Backform des Automaten geben und ebenfalls bei Raumtemperatur 8–10 Stunden reifen lassen. Danach im Brotbackautomaten mit dem Programm nur „Backen“ ausbacken.

EIN TEIG = UNZÄHLIGE MÖGLICHKEITEN

Weitere Varianten lassen sich schnell zaubern, indem sie dem Teig einige Trockenfrüchte, Schokostückchen, Mandelstücke oder Gewürze wie Vanille oder abgeriebene Zitronenschale zugeben. Verschiedene Flechttechniken bringen immer optisch neue Variationen hervor und lassen sich sehr gut in der Backform des Brotbackautomaten backen. Vollwertiger wird es, wenn Sie das Mehl gegen Vollkornmehle und/oder Urkornmehle austauschen. Denken Sie daran bei der Verwendung von Trockenfrüchten oder Vollkorn-/Urkornmehlen die Flüssigkeitsmenge zu erhöhen.

Hefeteig – Grundrezept mit Vorteig

Programme: „Teig“ oder „Hefebrot“, „Normal“

Ergibt ein Hefebrot von ca. 500 g

Vorteig:
60 g Weizenmehl Type 550
35 ml Wasser
¼ TL (0,75 g) Trockenhefe

Hauptteig:
gereifter Vorteig
200 g Weizenmehl Type 550
½ TL (1,5 g) Trockenhefe
30 g Zucker
5 g (1 TL) Salz
¼ TL Vanille, gemahlen
50 g Butter, kühl in kleine Würfel
1 Bio-Ei, Größe M
60 ml Vollmilch (3,5 % Fett)

VORBEREITUNG:
Die Zutaten für den Vorteig von Hand kurz zu einem mittelfesten Teig kneten. Den Vorteig abgedeckt für 1 Stunde bei Raumtemperatur reifen lassen, dann für 12–24 Stunden bei 5–6 °C in den Kühlschrank stellen.

ZUBEREITUNG:
Alle Zutaten in die Backform füllen und ein automatisches Programm, beispielsweise Hefebrot oder „Normal“ starten. Nach Programmende das Hefebrot entnehmen. Alternativ das Programm: Teig“ verwenden mit einer Gesamtlaufzeit von etwa 1,5–2 Stunden. Nach Programmende den Teig auf eine leicht bemehlte Arbeitsfläche geben und nach Wunsch aufarbeiten. Beispielsweise Zöpfe flechten oder Brötchen formen. Die Teiglinge zum Reifen auf ein gefettetes oder mit Backpapier belegtes Backblech legen und bei anschließend auf 200 °C im vorgeheizten Backofen, je nach Größe des Gebäcks goldbraun ausbacken.

Hefeteig-Grundrezept mit Vorteig

Schokoladenwirbel

Schokoladenwirbel

Programm: „Teig“ und „Backen“

Ergibt ein Zopfbrot von ca. 720 g

Vorteig:
60 g Weizenmehl Type 550
35 ml Wasser
¼ TL (0,75 g) Trockenhefe

Schokoladenfüllung:
80 g Zartbitter-Kuvertüre, grob gehackt
50 g Butter
20 g Kakaopulver
¼ TL Zimt, gemahlen
40 g Zucker
30 g Haselnüsse oder Mandeln gemahlen
1 Prise Salz

Hauptteig:
gereifter Vorteig
240 g Weizenmehl Type 550
¼ TL (0,75 g) Trockenhefe
30 g Zucker
5 g (1 TL) Salz
¼ TL Vanille, gemahlen
¼ TL abgeriebene Zitronenschale
1 Bio-Ei, Größe M
20 g Raps- oder Sonnenblumenöl
80 ml Vollmilch (3,5 % Fett), Raumtemperatur

VORBEREITUNG:

Die Zutaten für den Vorteig von Hand kurz zu einem mittelfesten Teig kneten. Den Vorteig abgedeckt im bei 5–6 °C im Kühlschrank 12–14 Stunden reifen lassen. Die Vorteigreife lässt sich am fast verdoppelten Teigvolumen erkennen. Für die Schokoladenfüllung die Kuvertüre mit der Butter in eine Schüssel geben und über einem Wasserbad schmelzen. Restliche Zutaten dazugeben und verrühren, bis eine sämige Masse entstanden ist. Anschließend die Füllung abdecken und bis zur Weiterverwendung kühl stellen.

ZUBEREITUNG:

Die Zutaten für den Hauptteig in die Backform füllen und Programm „Teig“ (Gesamtlaufzeit etwa 1,5–2 Stunden) starten, dabei mit einem Teigschaber die Restmehlecken zusammenkratzen, damit alles gut vermischt wird. Nach Programmende den Teig entnehmen und auf einer leicht bemehlten Arbeitsfläche auf eine Größe von etwa 40 x 25 cm ausrollen. Den Teig gleichmäßig mit der Schokoladenfüllung bestreichen. Dabei ringsherum einen Rand von 1–2 cm frei lassen. Über die kurze Seite straff aufrollen, mit Schluss nach oben auf eine Arbeitsplatte legen. Mit einem scharfen Messer der Länge nach mittig durchschneiden. Die beiden Teigstränge mit der Füllung nach oben kordelartig flechten und in die Backform legen Die Backform in den Automaten setzen, Deckel schließen und den Teig etwa 1,5–2 Stunden bei Raumtemperatur ruhen lassen. Dann das Programm „Backen“ für 50–55 Minuten starten. Nach dem Backen den Zopf aus der Form stürzen und auf einem Kuchengitter vollständig abkühlen lassen.

TIPP

Den noch heißen Kuchen mit Aprikosenmarmelade glasieren, die zuvor in einem Topf erhitzt wurde, und ein paar gehackte Haselnüsse, Mandeln oder gehobelte Mandeln aufstreuen.

Rosinenbrot

Programme: „Rosinenbrot“, „Normal mit Rosinen“ oder „Teig und Backen“

Ergibt einen Rosinen-Hefekuchen von ca. 720 g

Vorteig:
80 g Weizenmehl Type 550
55 ml Vollmilch (3,5 % Fett)
½ TL (1,5 g) Trockenhefe

Quellstück:
120 g Rosinen
50 ml Orangensaft
5 ml Rum (optional)

Hauptteig:
gereifter Vorteig
300 g Weizenmehl Type 550
½ TL (1,5 g) Trockenhefe
40 g Butter, kalt, in kleine Würfel geschnitten
200 ml Vollmilch (3,5 % Fett)
40 g Zucker
½ TL Vanille
5 g (1 TL) Salz

VORBEREITUNG:
Die Zutaten für den Vorteig von Hand kurz zu einem mittelfesten Teig kneten. Den Vorteig abgedeckt bei 5–6 °C im Kühlschrank für 12–14 Stunden reifen lassen. Die Vorteigreife lässt sich an dem fast verdoppelten Teigvolumen erkennen. Die Zutaten für das Quellstück mischen und abgedeckt bei Raumtemperatur für 12–14 Stunden stehen lassen.

ZUBEREITUNG:
Die Zutaten für den Hauptteig in die Backform füllen und ein entsprechendes Programm starten. Dabei die Restmehlecken mit einem Teigschaber zusammenkratzen, damit alles gut vermischt wird. Nach dem Signalton oder kurz vor dem letzten Kneten die Rosinen vom Quellstück dazu geben. Dann das Programm „Backen“ für 45–50 Minuten starten. Nach dem Backen das Rosinenbrot aus der Form stürzen und auf einem Kuchengitter vollständig abkühlen lassen.

ROSINEN, SULTANINEN ODER KORINTHEN?

Der Oberbegriff für alle getrockneten Weintrauben lautet Rosinen. Sultaninen werden aus Sultanatrauben gewonnen. Das ist eine weiße Traubensorte, die süß und kernlos ist. Korinthen stammen von der Sorte Korinthiaki. Sie sind ebenfalls kernlos, aber dunkel und haben keinen Stiel. Ihre kleinen Beeren schmecken kräftiger als die größeren Sultaninen.

Veganes Rosinenbrot

Programme: „Rosinenbrot“, „Normal mit Rosinen“ oder „Teig und Backen“

Ergibt einen Rosinen-Hefekuchen von ca. 800 g

Vorteig:
60 g Weizenmehl Type 550
35 ml Wasser
¼ TL (0,75 g) Trockenhefe

Quellstück:
100 g Rosinen
50 ml Orangensaft
5 ml Rum (optional)

Hauptteig:
gereifter Vorteig
250 g Weizenmehl Type 550
½ TL (1,5 g) Trockenhefe
ca. 120 ml Mandelmilch
30 ml (3 EL) Pflanzenöl oder Margarine
40 g Zucker
½ TL Vanille, gemahlen
½ TL abgeriebene Zitronenschale
5 g (1 TL) Salz

VORBEREITUNG:
Die Zutaten für den Hauptteig von Hand kurz zu einem mittelfesten Teig kneten. Den Vorteig abgedeckt bei 5–6 °C im Kühlschrank für 12–14 Stunden reifen lassen. Die Vorteigreife lässt sich am fast verdoppelten Volumen erkennen. Für das Quellstück alle Zutaten mischen und abgedeckt bei Raumtemperatur 12–14 Stunden stehen lassen.

ZUBEREITUNG:
Alle Zutaten für den Hauptteig in die Backform füllen und ein entsprechendes Programm starten. Dabei die Restmehlecken mit einem Teigschaber zusammenkratzen, damit alles gut vermischt wird. Nach dem Signalton oder kurz vor dem letzten Kneten die Rosinen vom Quellstück dazu geben. Das Programm „Backen“ für 50 Minuten starten. Nach dem Backen das Rosinenbrot aus der Form stürzen und auf einem Kuchengitter vollständig abkühlen lassen.

TIPP

Weitere Varianten lassen sich schnell zaubern, indem Sie statt Rosinen fein gehackte Trockenfrüchte wie Sauerkirschen oder Cranberryss und/oder Gewürze wie Safran, Anis oder Zimt zugeben. Ein Bestreuen mit gehobelten Mandeln oder Hagelzucker nach dem letzten Knetgang wertet das Rosinenbrot optisch zusätzlich auf.

Veganes Rosinenbrot

Preiselbeer-Spiralkuchen

Programm: „Teig und Backen“

Ergibt einen Preiselbeer-Hefekuchen von ca. 800 g

Vorteig:
60 g Weizenmehl Type 550
35 ml Wasser
¼ TL (0,75 g) Trockenhefe

Preiselbeerfüllung:
200 g Preiselbeermarmelade, Wildpreiselbeeren

Hauptteig:
gereifter Vorteig
240 g Dinkelmehl Type 630
¼ TL (0,75 g) Trockenhefe
1 Bio-Ei, Größe M
75 ml Vollmilch (3,5 % Fett)
20 g Speiseöl
1 TL Zitronensaft
25 g Rohrohrzucker
5 g (1 TL) Salz
½ TL Zimt, gemahlen
½ TL Kardamom, gemahlen

VORBEREITUNG:
Die Zutaten für den Vorteig von Hand kurz zu einem mittelfesten Teig kneten. Den Vorteig abgedeckt im Kühlschrank bei 5–6 °C für 12–14 Stunden reifen lassen. Die Vorteigreife lässt sich am fast verdoppelten Teigvolumen erkennen.

ZUBEREITUNG:
Alle Zutaten für den Hauptteig in die Backform füllen und Programm „Teig“ starten, dabei mit einem Teigschaber die Restmehlecken zusammenkratzen, damit alles gut vermischt wird. Die Gesamtlaufzeit beträgt etwa 1,5 bis 2 Stunden. Nach Programmende den Teig entnehmen und auf einer leicht bemehlten Arbeitsfläche etwa 30 x 20 cm groß ausrollen. Die Länge an die Größe der Backform Ihres Automaten anpassen. Den Teig gleichmäßig mit der Preiselbeermarmelade bestreichen, dabei ringsherum einen Rand von 1–2 cm frei lassen. Über die kurze Seite straff aufrollen, mit Schluss nach unten in die Backform legen Die Backform in den Automaten setzen, Deckel schließen und den Teig etwa 1,5–2 Stunden bei Raumtemperatur ruhen lassen. Dann das Programm „Backen“ für 45–50 Minuten starten. Nach dem Backen den Hefekuchen aus der Form stürzen und auf einem Kuchengitter vollständig abkühlen lassen.

TIPP
Bei der Füllung können Sie variieren, indem Sie statt Preiselbeeren Heidelbeer- oder Erdbeermarmelade verwenden.

Brioche

Programme: „Brioche" oder „Teig und Backen"

Ergibt ein Briochebrot von ca. 800 g

Vorteig:
60 g Weizenmehl Type 550
35 ml Wasser
¼ TL (0,75 g) Trockenhefe

Hauptteig:
gereifter Vorteig
150 g Weizenmehl Type 550
50 g Weizenmehl Type 405
½ TL (1,5 g) Trockenhefe
3 Bio-Eier, Größe M
1 Bio-Eigelb, Größe M
10 g Honig
30 g Zucker
5 g (1 TL) Salz
130 g Butter, kalt, in kleine Würfel geschnitten

Außerdem:
Eistreiche, dazu 1 Bio-Eigelb und etwas Milch mit einer Prise Salz verrühren

VORBEREITUNG:

Die Zutaten für den Vorteig von Hand kurz zu einem mittelfesten Teig kneten. Den Vorteig abgedeckt bei 5–6 °C im Kühlschrank für 12–14 Stunden reifen lassen. Die Vorteigreife lässt sich an dem fast verdoppelten Teigvolumen erkennen.

ZUBEREITUNG:

Alle Zutaten für den Hauptteig in die Backform füllen und Programm „Teig" starten, dabei mit einem Teigschaber die Restmehlecken zusammenkratzen, damit alles gut vermischt wird. Nach Programmende den Teig entnehmen und auf einer leicht bemehlten Arbeitsfläche rund wirken. Den Knethaken entfernen. Den Teig wieder in die Backform zurücklegen. Backform mit Folie abdecken und den Teig in der Backform bei 5–6 °C für 12 Stunden zum Reifen in den Kühlschrank stellen. Anschließend den Teig aus der Form entnehmen, dritteln und rund wirken. Die drei Teigkugeln nebeneinander in die Backform setzen. Mit einem Kuchenpinsel die Teigoberfläche mit der Eistreiche abstreichen. Backform in den Automaten setzten und den Deckel schließen. Den Teig erneut 3 Stunden ruhen lassen, anschließend das Programm „Backen" für 45–50 Minuten starten. Nach Programmende das Briochebrot aus der Form stürzen und auf einem Kuchengitter vollständig abkühlen lassen.

FRANZÖSISCHES FLAIR

Diesen Brioche-Teig können Sie auch in kleinen Förmchen backen. Auch als Zopf, gefüllter Zopf oder als kleines Gebäckteilchen mit Zuckerguss macht er eine ausgezeichnete Figur. Brioche wird meist pur, aber auch mit süßem oder herzhaftem Belag gegessen. Meine absolute Lieblingsfüllung sind Brioche mit Käse und Birne. Dafür 1 Birne schälen und in kleine Stücke schneiden und mit 170 g zerpflücktem Blauschimmelkäse mischen. Eine große Mulde in die Brioche drücken und die Käse-Birnen-Füllung hineingeben.

Nussschnecken-Kuchen

Programme: „Teig" und „Backen"

Ergibt einen Hefekuchen von ca. 1000 g

Vorteig:
125 g Weizenmehl Type 550
85 ml Wasser
0,5 g (1/8 TL) Trockenhefe
3 g (1/2 TL) Salz

Hauptteig:
gereifter Vorteig
375 g Weizenmehl Type 550
1/2 TL (1,5 g) Trockenhefe
1 Bio-Ei, Größe M
175 ml Vollmilch (3,5 % Fett)
70 g Butter, kalt, in kleine Würfel geschnitten
40 g Rohrohrzucker
3 g (1/2 TL) Salz
1/4 TL Zimt, gemahlen
1/4 TL Vanille, gemahlen
abgeriebene Zitronenschale von 1/2 Zitrone

Für die Nussfüllung:
100 g Haselnüsse, gemahlen und geröstet
50 g Butter, weich
40 g Rohrrohrucker
2 Bio-Eier
30 g Semmelbrösel oder getrocknetes, gemahlenes Restbrot, Kekse, Löffelbiskuits
1/2 TL Zimt, gemahlen

TIPPS

Die Größen der Backformen unterscheiden sich stark. Ist Ihre Backform eher klein, sollten Sie daher die Füllung auf zwei Portionen aufteilen.

VORBEREITUNG:
Die Zutaten für den Vorteig von Hand kurz zu einem mittelfesten Teig kneten. Den Vorteig abgedeckt für 1 Stunde bei Raumtemperatur reifen lassen, dann für 12–24 Stunden in den Kühlschrank bei 5–6 °C stellen. Während der Teig geknetet wird (siehe Zubereitung) die Nussfüllung vorbereiten. Dafür alle Zutaten in einer Schüssel verrühren oder mit der Hand verkneten.

ZUBEREITUNG:
Alle Zutaten für den Hauptteig in die Backform füllen und Programm „Teig" starten, dabei mit einem Teigschaber die Restmehlecken zusammenkratzen, damit alles gut vermischt wird. Nach Programmende den Teig entnehmen und auf eine leicht bemehlten Arbeitsfläche geben. Mit einem Rollholz 35 x 30 cm groß ausrollen. Die Länge an die Größe der Backform Ihres Automaten anpassen oder die Teigmenge entsprechend halbieren bzw. nur dreiviertel der Teigmenge verwenden (siehe Tipps).
Den Teig gleichmäßig mit der Nussfüllung bestreichen, dabei ringsherum einen Rand von 1–2 cm frei lassen.
Den Teig über die lange Seite straff zusammenrollen. Die Teigrolle zurück in die Backform geben, mit Schluss nach unten, und sanft andrücken. Mit einer Schere die Teigoberfläche etwa 2–3 cm tief im Zickzack einschneiden. Den Teig im Automaten noch etwa 45–60 Minuten ruhen lassen, dann das Programm „Backen" für 60 Minuten starten. Nach dem Backen den Kuchen aus der Form stürzen und auf einem Kuchengitter abkühlen lassen. Vor dem Servieren nach Wunsch mit Puderzucker bestauben.

Zupfkuchen

Programme: „Teig“ und „Backen“

Ergibt einen Hefekuchen von ca. 800 g

400 g Weizenmehl Type 550
40 g Mandeln, blanchiert und gemahlen
¾ TL (2,25 g) Trockenhefe
100 g Magerquark
1 Eigelb, Größe M
30 g Honig
5 g (1 TL) Salz
1 Pkg. Vanillezucker
¼ TL abgeriebene Zitronenschale
30 g Butter, weich
150 ml Vollmilch (3,5 % Fett), lauwarm

Füllung:
40 g Butter, flüssig
1 EL Zimt, gemahlen, mit ½ EL Kakao mit 2 EL Zucker gemischt

Außerdem:
Eistreiche, dafür 1 Bio-Eigelb mit etwas Milch mit einer Prise Salz verrühren

ZUBEREITUNG:

Alle Zutaten in die Backform des Automaten füllen und Programm „Teig“ starten, dabei mit einem Teigschaber die Restmehlecken zusammenkratzen, damit alles gut vermischt wird. Nach Programmende den Teig mit den Händen kurz durchkneten, auf eine leicht bemehlte Arbeitsfläche geben und etwa 1 cm dick auf etwa 30 x 30 cm Größe ausrollen. Den Teig mit der flüssigen Butter bestreichen und mit dem Zimtzucker bestreuen. Mit einem Messer in etwa 10 cm x 5 cm große Teigstücke (18 Stücke) schneiden. Die Teigstücke aufeinander stapeln und dann hochkant in die Backform legen. Die Teigoberfläche mit Eistreiche bestreichen, dann die Form in den Brotbackautomaten zurückstellen und den Teig etwa 60–80 Minuten ruhen lassen. Anschließend das Programm „Backen“ für 60 Minuten starten. Nach dem Backende den Zupfkuchen aus der Form stürzen und auf einem Gitter vollständig abkühlen lassen.

Zupfkuchen

TIPP

Streuen Sie vor dem Backen noch Pistazienkerne oder gehackte Haselnüsse auf die Teigoberfläche. Sie können auch die Füllung variieren: Verwenden Sie Schoko- oder Kokosraspel, streichen Sie etwas Quark oder Pudding auf die Teigplatten.

SERVICE

BEZUGSQUELLEN

Brotbackautomaten
Brotbackautomaten sind im Elektrofachhandel, in Supermärkten und Discountern und natürlich auf den entsprechenden Seiten im Internet erhältlich. Achten Sie beim Kauf auch auf den Preis, die Differenzen von Anbieter zu Anbieter sind zum Teil erheblich. Einen speziellen Gerätetest und Automaten, die ich empfehle kann, finden Sie auch unter www.Backs-an.de.

Zutaten, Getreide und Mehle
Eine Auswahl an Backzutaten und Mehlen gibt es in Reformhäusern, Bioläden, Supermärkten, Drogeriemärkten oder direkt in den Mühlen zu kaufen. Auch in Onlineshops bekommen Sie alle Zutaten, die Sie zum Backen benötigen. Ich persönlich bevorzuge Biomehle. Meine Empfehlung: Kaufen Sie bei einer Mühle oder in einem Geschäft Ihres Vertrauens. Machen Sie sich das Backen nicht schwerer, als es ist – „füttern" Sie Ihren Brotbackautomaten mit gutem Mehl und guten Zutaten.
Hier einige Empfehlungen für Onlineshops zum Kauf von Mehl:

Adler Mühle
www.adler-muehle.de

Chiemgaukorn
https://shop.chiemgaukorn.de

Drax Mühle
https://shop.drax-muehle.de/produkte

Urkornpuristen
https://urkornpuristen.de

BUCHTIPPS FÜR BACKFANS

Beile, Mirjam: Brot aus dem Brotbackautomaten. Über 120 Rezepte für 750 g und 1000 g. Verlag Eugen Ulmer, 2015

Beile, Mirjam: Vollkornbrote aus dem Brotbackautomaten. Verlag Eugen Ulmer, 2022

Beile, Mirjam: Glutenfreie Brote aus dem Brotbackautomaten. Verlag Eugen Ulmer, 2024

Beile, Mirjam: Kuchen und Knabbereien aus dem Brotbackautomaten. Verlag Eugen Ulmer, 2011

Beile, Mirjam: Brotbacklust. 222 Rezepte mit und ohne Brotbackautomat. Verlag Eugen Ulmer, 2016

Beile, Mirjam: Brot backen mit Emmer, Einkorn & Co. Verlag Eugen Ulmer, 2018

Beile, Mirjam: Sauerteigbrote aus dem Brotbackautomaten. Verlag Eugen Ulmer, 2018

SCHNELL NACHGESCHLAGEN

IMPRESSUM

Bildnachweis: Alle Bilder, auch das Coverfoto und die Bilder auf den Klappen, stammen von Heike Schmidt-Röger.

Die in diesem Buch enthaltenen Empfehlungen und Angaben sind von der Autorin mit größter Sorgfalt zusammengestellt und geprüft worden. Eine Garantie für die Richtigkeit der Angaben kann aber nicht gegeben werden. Autorin und Verlag übernehmen keine Haftung für Schäden und Unfälle. Bitte setzen Sie bei der Anwendung der in diesem Buch enthaltenen Empfehlungen Ihr persönliches Urteilsvermögen ein.

Der Verlag Eugen Ulmer ist nicht verantwortlich für die Inhalte der im Buch genannten Websites.

Anmerkung zur Schreibweise (Gendering): Gendergerechtigkeit und Inklusion sind bei uns gelebte Praxis – bei der Auswahl unserer Themen, bei der Recherchearbeit, in der Gestaltung. Unsere Texte meinen alle.

Bibliografische Information der Deutschen Nationalbibliothek
Die Deutsche Nationalbibliothek verzeichnet diese Publikation in der Deutschen Nationalbibliografie; detaillierte bibliografische Daten sind im Internet über http://dnb.d-nb.de abrufbar.

Wollgrasweg 41, 70599 Stuttgart (Hohenheim)
E-Mail: info@ulmer.de
Internet: www.ulmer.de

Projektleitung: Jennifer Zajonz
Lektorat: Claudia Boss-Teichmann
Herstellung: Silke Reuter
Umschlaggestaltung: Anette Vogt, www.redsign.de, Stuttgart
Satz: Fotosatz Buck, Kumhausen
Reproduktion: time:ray, Jettingen
Druck und Bindung: Westermann Druck, Zwickau
Printed in Germany

MIX
Papier | Fördert gute Waldnutzung
FSC® C110508

ISBN 978-3-8186-2069-1

GENUSS AUF KNOPFDRUCK

So können Sie bald Ihr gesundes, selbstgebackenes Brot genießen und sparen Zeit und Geld. Die 70 Rezepte in diesem Buch reichen vom klassischen Vollkornbrot über Sauerteigbrot, Brot mit und ohne Hefe bis hin zu Broten für Allergiker wie laktosefreies Brot und glutenfreies Brot sowie Varianten für vegetarische und vegane Brote.

Saftige Krume, intensives Aroma und gute Bekömmlichkeit – jetzt findet die traditionellste Form des Backens endlich ihren Weg in den Brotbackautomaten.
Es erwarten Sie über 70 Sauerteigrezepte: Vom reinen Roggen-Sauerteigbrot über kräftiges Landbrot und Dinkelbrötchen bis zum Zupfbrot – überzeugen Sie sich selbst vom unvergleichlich guten Geschmack.